페스토
소스
오일
그리고
피클

요리 김봉경

초간단
맛보장
요리의
비밀!

나만의
비밀 찬장을
만들어보세요

요리의 '금손'과 '곰손'의 차이는 무엇일까요? 타고난 미각? 혹은 대대손손 이어지는 손맛? 아닙니다. 냉장고 속 깊은 곳에 한두 개씩 고이 모셔둔 '수제 베이스'가 그 비결입니다. 요리의 맛을 좌우하는 천연 조미료이지요. 이미 여러 농부시장과 프리마켓에서 매진 행렬을 이어온 채소 중심의 다양한 수제 베이스가 최근 화두입니다. 한 번 만들어두면 여러 요리에 응용 가능한, 그래서 모두가 궁금해 하고 배우고 싶어하는 페스토, 페이스트, 소스, 오일, 피클이 주인공입니다.

어린 시절 매일 다른 요리로 밥상에 오르던 엄마의 장독대 속 각종 장류처럼 이제 찬장 속에 나만의 비밀 베이스를 만들어두세요. 요리를 시작한 뒤 줄곧 저의 찬장을 하나둘씩 채운 수제 베이스를 공개합니다. 책에 소개한 75가지의 채소 저장식들이 일년 내내 여러분의 식탁을 풍요롭게 해줄 비밀 요리 베이스가 되어줄 거예요.

채소 저장식을 소개합니다

냉장고 속에 자투리 채소가 쌓여간다면 다양한 종류의 채소 저장식을 만들어보세요. 페스토부터 소스, 오일, 피클까지 한 번 만들어두면 누구나 손쉽게 초단간 맛보장 요리를 만들 수 있습니다.

페스토 (향채소 + 견과류 + 오일 + 치즈)
신선한 허브가 나올 때 오일과 견과류, 소금, 치즈를 넣어 만드는 페스토. 한 번 만들어두면 근사한 식사를 만들기 좋지요. 구운 빵에 페스토를 바르고 치즈만 올리면 브런치 메뉴가, 다양한 면에 페스토만 넣어 쓱쓱 비벼내면 맛있는 파스타 한 접시가 뚝딱 완성됩니다.

소스 (장 + 채소 + 과일)
간장, 고추장, 소금, 된장 등에 신선한 채소와 여러 가지 재료를 혼합해 끓이거나 볶아 만드는 소스는 수제 베이스의 절대 강자입니다. 보존기간도 길어 오래도록 두고 활용하기 좋지요. 나물, 샐러드, 샌드위치, 볶음, 조림, 국, 찌개, 찜까지 한식과 양식에서 자유자재로 활용 가능합니다.

오일 (기름 + 향채소 + 색채소)
요리에 은은한 풍미를 주는 오일도 채소 저장식의 방법 중 하나입니다. 각각의 채소나 허브를 기름에 넣고 우리거나 끓여 만드는 오일은 적은 양으로도 요리의 향과 풍미를 좌우하지요. 용도에 따라 조미료용, 볶음용, 절임용으로 나뉘며 오랫동안 채소의 향과 맛을 즐길 수 있습니다.

피클 (채소 또는 과일 + 피클물)
제철 채소를 식초, 설탕, 소금 등이 들어간 피클물에 절여 두고 즐기는 저장식이지요. 계절마다 담가두면 사시사철 식탁 위 든든한 지원군이 되어줍니다. 건지는 무치거나 다져 주먹밥, 샌드위치, 핫도그 등에 넣고 피클물은 샐러드드레싱, 냉국 등에 활용합니다.

채소 저장식을 위한 준비과정

저장식의 핵심은 보관기간에 달려 있습니다. 두고두고 오랫동안 활용하고 싶다면 몇 가지 준비사항이 필요합니다. 사전 준비를 얼마나 잘 하는가에 따라 보존기간이 결정됩니다.

시든 부분은 과감히 버려요 상하거나 시든 부분의 채소로 만든 저장식은 금세 상해 보존기간이 짧아집니다. 맛도 확연히 달라져요.

세척에 공들여요 채소에 흙이나 이물질이 묻어 있을 수 있으므로 물에 5분 정도 담갔다가 흐르는 물에 여러 번 헹굽니다. 과일은 식초나 베이킹소다를 풀어 세척하세요.

물기를 최대한 제거해요 페스토, 오일, 피클에 넣는 채소는 물기를 최대한 제거해야 보존기간을 늘릴 수 있습니다. 채소 탈수기를 이용하거나 키친타월 위에 올려 최대한 물기를 제거합니다.

전처리 과정을 거치세요 소스에 넣는 채소는 끓이거나 볶거나 쪄서 수분을 없애고 사용해야 합니다. 채소의 수분을 제거해 보존기간을 늘려줍니다.

용기는 소독해 사용해요 채소 저장식을 담아둘 용기는 반드시 열탕이나 알코올로 소독, 건조한 뒤에 사용합니다. 가정에서는 안전한 열탕소독을 권합니다. 잡균과 곰팡이의 번식을 막아줍니다.

열탕소독 방법

1. 유리병과 뚜껑을 깨끗이 세척한다.
2. 냄비에 병의 절반이 잠길 만큼 찬물을 붓고 병을 거꾸로 세워 중불에서 끓인다.
3. 물이 끓어오르면 중약불로 낮춰 5~10분 충분히 끓이면서 열탕으로 소독한다.
4. 깨끗한 마른 행주나 면보, 키친타월 위에 바로 세워 물기를 완전히 말린다.
5. 뚜껑은 스테인리스라면 뜨거운 물에 20초 담갔다 빼고, 고무패킹이라면 알코올 도수 35도의 증류주나 식품 알코올로 소독한다.

• CONTENTS

PESTO

NO.01	바질페스토	리코타치즈바질페스토피자 • 048	방울토마토바질카펠리니 • 049
NO.02	삐칸테바질토마토페스토	매콤한 페스토로 버무린 가라아게 • 050	삐칸테꿀마늘빵 • 051
NO.03	버섯아몬드페스토	아몬드고르곤졸라치즈파니니 • 058
NO.04	양파페이스트	구운 채소 올린 시금치그린카레 • 057
NO.05	채소스톡페이스트	신김치비지찌개 • 056	토마토양배추수프 • 059
NO.06	후무스	후무스오픈샌드위치 • 090
NO.07	금귤소금페스토	금귤문어세비체 • 076
NO.08	취나물캐슈너트페스토	풍기꽃송이치즈 • 087	소시지돌돌이핫도그 • 091
NO.09	시금치아몬드페스토	오븐에 구운 치킨텐더 • 062	버섯현미크림리소토 • 063
NO.10	마늘페이스트	바냐카우다와 찐 채소 • 054
NO.11	당근사과페이스트	쌀구움도넛 • 065
NO.12	깨오일페스토	방울토마토깨오이샐러드 • 073
NO.13	쑥갓호두페스토	올리브마스카포네 • 084	현미크런치를 올린 연근카나페 • 085
NO.14	파프리카카레페이스트	그릴드 아스파라거스스틱 • 070	불닭 올린 칠리덮밥 • 071
NO.15	근대땅콩미소된장페스토	구운 감자버무리 • 072
NO.16	미나리청양고추페스토	통들깨크림딸리아뗄레 • 079	청양고추바삭감자고로케 • 093
NO.17	깻잎액젓페스토	두유달걀찜 • 064	구운 채소와 목살스테이크 • 082
NO.18	옥수수페이스트	옥수수수프 • 086
NO.19	땅콩오일페스토	땅콩진미채 • 068
NO.20	블랙올리브엔쵸비페스토	크림치즈올리브구움찰떡 • 092
NO.21	유자소금페스토	유자감베리오일파스타 • 078
NO.22	레몬소금페스토	레몬대파고기볶음 • 077

SAUCE

NO.23	구운 토마토대파소스	토마토함바그 • 124	토마토홍합스튜 • 125
NO.24	채소하나로끝간장소스	닭바비큐 • 132	대파채소불고기 • 145
NO.25	파된장소스	햇양파배추된장국 • 126	단호박꽃게탕 • 130
NO.26	고추장아몬드마요소스	구운 꽈리고추와 채썬 양파 곁들인 연어스테이크 • 140
NO.27	당근두유소스	시저샐러드 • 136
NO.28	당근사과비빔소스	대파황태채골뱅이소면 • 161
NO.29	무레몬간장소스	대패삼겹살청경채찜 • 131	아게다시도후 • 152
NO.30	청양고추다짐장	깻잎찜 • 127	버섯순두부들깨탕 • 146
NO.31	채소하나로끝쯔유소스	쑥갓어묵튀김을 올린 자작냉우동 • 138	양파채소돈부리 • 139
NO.32	마늘듬뿍고추소스	깻잎양파제육볶음 • 147	캔고등어묵은지찜 • 155
NO.33	토마토케첩	표고버섯강정 • 153
NO.34	가지쌈장소스	깻잎한입쌈 • 150
NO.35	마늘새콤소스	오이미역냉국 • 141
NO.36	대파마늘고추고기소스	얼큰바지락순두부찌개 • 154	가지고추소스덮밥 • 160
NO.37	대파액젓매실청소스	오리고기영양부추무침 • 133
NO.38	명란쪽파마요소스	아보카도명란쪽파마요비빔밥 • 167
NO.39	두부시금치캐슈너트소스	당근채샐러드 • 144
NO.40	생와사비마요소스	참치핑거주먹밥 • 166
NO.41	완두콩그린소스	루꼴라통밀토르티야롤 • 164
NO.42	마깨소스	샤브샤브고기연근냉채 • 165
NO.43	들깨미소달래소스	고소한 네모두부구이 • 158	닭가슴살참나물무침 • 159

OIL

NO.44	**파뿌리대파고추오일**	소보로볶음쌀국수 • 184	숙주버섯육개장 • 185
NO.45	**마늘페퍼론치노오일**	감바스알아히요 • 200
NO.46	**홍고추마늘오일**	꽈리고추알리올리오 • 187
NO.47	**대파페이스트오일**	들깨달걀칼국수 • 186	채썬 양파 올린 차돌박이볶음 • 192
NO.48	**깻잎양파오일**	파프리카피망잡채 • 193
NO.49	**타임페퍼론치노오일**	가리비화이트와인찜과 고추마늘오일 • 201
NO.50	**레몬로즈마리오일**	허브오일에 절인 모짜렐라치즈 • 190
NO.51	**로즈마리마늘오일**	잭치즈 넣은 올리브절임 • 194
NO.52	**노란치자오일**	미니해물파전 • 195
NO.53	**생강마늘오일**	백순대볶음 • 206
NO.54	**양파카레오일**	카레기름떡볶이 • 202
NO.55	**마늘페이스트오일**	뼈 없는 닭갈비 • 198	호두아몬드바싹멸치볶음 • 203

초간단 맛보장 요리의 비밀! 나만의 비밀 찬장을 만들어보세요 • 008
채소 저장식을 소개합니다 : 페스토·소스·오일·피클 • 010
채소 저장식을 위한 준비과정 • 012

PICKLE

NO.56 청귤청무피클
NO.57 숙주고추피클
NO.58 오이보코치니오일피클
NO.59 미니양배추당근레드와인피클
NO.60 버섯파프리카피클
NO.61 래디시레몬화이트식초피클
NO.62 마파프리카가루피클
NO.63 청포도셀러리피클
NO.64 가지홍고추액젓피클
NO.65 양배추카레피클
NO.66 고구마간장피클
NO.67 알배추오미자피클
NO.68 방울토마토오일피클
NO.69 발사믹마늘피클
NO.70 우엉고추간장피클
NO.71 브로콜리라임피클
NO.72 콜리플라워사과화이트와인피클
NO.73 매실청꽈리고추화이트와인피클
NO.74 양파고추레드와인피클
NO.75 연근유자레드와인피클

연어마요유부초밥 • 234
양배추카레피클을 넣은 핫도그 • 235
아삭아삭채소전 • 236
참나물소고기주먹밥 • 237
굴소스해산물볶음밥 • 240
달걀브로콜리샌드위치 • 242
시원한 냉묵사발 • 243
깨소스 뿌린 연두부 • 244
알배추피클매운무침 • 245
보코치니카프리제샐러드 • 248

PESTO & COOKING

최근 가장 각광받는 채소 저장법은 단연 페스토입니다. '찧다'라는 뜻의 이탈리아어 '페스타레'에서 유래된 페스토는 향채소와 올리브유, 견과류, 치즈를 찧거나 갈아 만들지요. 조리법도 간단해 손쉽게 만들 수 있습니다. 페스토 하나만 있으면 다양한 요리에 활용 가능하지요. 파스타, 피자, 리조또 소스는 물론이고, 샐러드드레싱, 고기와 생선요리 마리네이드용으로도 추천합니다.

종류
페스토 or 페이스트

페스토가 재료를 찧거나 빻아 생으로 즐긴다면 페이스트는 재료를 갈거나 체에 으깨 부드럽게 만든 뒤 익히는 과정을 거칩니다. 전통적인 된장과 고추장도 페이스트에 속합니다.

재료
향채소+견과류+오일+치즈

재료의 기준은 향채소입니다. 바질, 깻잎, 참나물, 취나물, 달래, 냉이 등 향이 나는 채소는 모두 페스토 재료가 됩니다. 향채소 한 줌(약 20g) 기준으로 그라노파다노치즈 4~5큰술(20~25g), 올리브유 1/3~1/2컵, 마늘 1쪽, 소금 1/3작은술, 후춧가루 약간이 적정 비율입니다.

만들기
찧기/갈기/굽기/끓이기/절이기

다양한 방법으로 만들 수 있습니다. 기본은 절구에 찧거나 믹서에 가는 방법이지요. 찧을 때는 올리브유를 가장 마지막에 넣고, 갈 때는 단시간에 갈아주는 게 포인트입니다. 끓여 만드는 페이스트는 페스토에 비해 보관기간이 더 긴 편입니다.

찧기

바질, 깻잎, 쑥갓처럼 향이 강한 채소는 절구에 찧어 만드세요. 진한 향이 오래 남아요. 잎채소는 물기를 최대한 제거하고 견과류는 달군 팬에 볶아 재료의 수분을 날려줍니다. 절구에 잎채소→마늘→잣→치즈→올리브유 순으로 넣고 으깨듯 찧어야 고루 섞여요.

NO. 01

바질페스토

바질, 잣, 올리브유, 그라노파다노치즈, 마늘, 소금으로 만든 페스토. 향긋하고 달콤한 향의 바질과 잣의 고소함이 어우러져 인기 있지요. 잣 대신 땅콩이나 캐슈너트를 넣으면 고소함이 더합니다. 고춧가루나 고추를 약간 넣어 맵게 즐겨도 좋아요. 치즈의 짠맛이 강하니 요리 활용 시 소금이나 간장의 양을 줄여줍니다.

냉장보관 7~10일   **냉동보관** 1개월
활용요리 파스타& 리조또 소스, 육류 마리네이드, 샐러드드레싱 등

재료

바질 1줌(약 20g), 잣 3큰술(30g), 마늘 1쪽, 그라노파다노치즈 4와1/2큰술(23g), 소금 1/3작은술, 후춧가루 약간, 올리브유 1/3컵

만드는 법

1 바질은 깨끗이 씻은 후 물기를 털어내고 키친타월 위에 올려 수분을 최대한 제거한다.
2 잣은 약하게 달군 팬에 넣어 노릇해지도록 볶아 식힌다.
3 돌절구에 바질 잎→마늘→잣→그라노파다노치즈→올리브유→소금, 후춧가루 순서로 넣고 으깨듯이 찧어 골고루 섞는다.
4 소독한 용기에 담아 냉장보관한다.

페스토에 넣는 오일의 양은 채소의 수분량에 따라 조율합니다. 채소의 수분이 많다면 오일의 양을 줄이고, 반대로 수분이 적다면 오일의 양을 늘리세요.

갈기

페스토를 만드는 가장 간단하고도 일반적인 방법입니다. 푸드프로세서에 모든 재료를 넣고 갈면 되는데 빠른 시간 안에 갈아야 페스토 색의 변화가 적습니다. 잎채소와 견과류는 최대한 수분을 제거한 뒤 사용하세요.

NO. 02

삐칸테바질토마토페스토

바질의 향과 선드라이 토마토의 깊은 맛, 페퍼론치노의 매운맛이 더해져 한국인 입맛에 잘 맞는 페스토입니다. 감칠맛나는 짠맛을 원한다면 소금보다는 치즈의 양을 늘리세요. 치즈의 짠맛이 남아 있으므로 요리에 활용할 때는 소금이나 간장의 양을 줄여주는 게 좋아요.

냉장보관 7~10일 **냉동보관** 1개월
활용요리 튀김요리 반죽, 파스타 소스, 스프레드 등

재료

바질 1줌(약 20g), 선드라이 토마토 1/2컵(100g), 마늘 1쪽, 잣 4큰술(40g), 그라노파다노치즈 5큰술(25g), 부순 페퍼론치노 1과1/2작은술, 소금 1/3작은술, 후춧가루 약간, 올리브유 1/2컵

만드는 법

1. 바질은 깨끗이 씻은 후 물기를 털어내고 키친타월 위에 올려 수분을 최대한 제거한다.
2. 잣은 약하게 달군 팬에 넣어 노릇해지도록 볶아 식힌다.
3. 마늘은 칼등으로 으깨 준비한다.
4. 준비한 재료를 푸드프로세서에 모두 넣고 갈아준다.
5. 소독한 용기에 담아 냉장보관한다.

Point 선드라이 토마토 만들기

방울토마토 20개, 올리브유 1큰술, 파슬리가루 1/2작은술, 소금 1/3작은술, 후춧가루 약간

— 방울토마토는 2등분해 올리브유, 소금, 후춧가루와 가볍게 버무려줍니다. 오븐팬에 종이호일을 깔고 버무린 방울토마토를 올린 후 파슬리가루를 뿌려 150℃로 10분간 예열한 오븐에 넣고 40분간 구워냅니다.

볶기

아몬드, 깨, 땅콩 등의 견과류로 페스토를 만들 때는 볶는 과정을 거칩니다. 견과류를 볶으면 수분은 날아가고 고소한 맛은 배가되지요. 버섯처럼 수분 함유량이 높은 채소도 볶는 과정을 통해 식감을 살립니다. 불을 사용해 보관기간도 늘어납니다.

NO. 03

버섯아몬드페스토

깊은 맛을 내는 국물요리나 나물무침에 간장 또는 소금 대신 사용하기 좋은 페스토입니다. 버섯의 씹히는 식감이 색다른 페스토이지요. 새송이버섯, 표고버섯 외에도 다양한 버섯을 활용해 만들어보세요.

냉장보관 5~7일   **냉동보관** 1개월
활용요리 나물무침 양념, 파스타&리조또 소스, 스프레드 등

재료

새송이버섯·표고버섯 2개씩, 마늘 3쪽, 아몬드 3큰술(45g), 그라노파다노치즈 3큰술(15g), 소금 약간, 채수 또는 물 2/3컵, 올리브유 1/3컵, 화이트와인 1/4컵

만드는 법

1. 새송이버섯과 표고버섯, 마늘은 굵게 다진다.
2. 약하게 달군 팬에 아몬드를 넣고 볶는다.
3. 팬에 올리브유 2큰술을 넣고 달군 뒤 ①의 다진 마늘을 넣어 향을 낸다. 다진 버섯과 소금 약간을 넣고 노릇해질 때까지 볶은 후 화이트와인과 채수 또는 물을 넣고 수분이 없어질 때까지 볶아 식힌다.
4. 푸드프로세서에 ③과 남은 올리브유, 그라노파다노치즈, 볶은 아몬드를 넣고 곱게 갈아준다.
5. 소독한 용기에 담아 냉장보관한다.

Point
버섯은 스펀지처럼 물을 흡수하므로 젖은 키친타월로 이물질만 제거해 사용하세요. 버섯에 물이 많이 흡수되면 버섯의 향과 맛이 떨어져요.

볶기

양파, 당근, 파프리카 베이스의 페이스트도 볶는 과정을 거칩니다. 채소를 미리 볶아두면 단맛이 농축되어 감칠맛이 높아지고 보관기간도 늘어나지요. 채소의 색이 변할 때까지 충분히 볶은 뒤 다른 재료와 함께 푸드프로세서에 넣고 곱게 갈아줍니다.

NO. 04

양파페이스트

양파를 오랫동안 볶은 뒤 곱게 갈아 만든 페이스트입니다. 양파는 볶을수록, 끓일수록 알싸했던 맛이 단맛으로 바뀌지요. 양파의 천연의 단맛과 감칠맛이 강해 한식부터 양식까지 다양한 요리에 설탕 대신 활용하기 좋아요.

냉장보관 5~7일　　**냉동보관** 1개월
활용요리 닭볶음탕 양념, 떡볶이 소스, 카레&수프 베이스 등

재료
양파 3개(600g), 올리브유 2큰술, 설탕 1큰술

만드는 법
1 양파는 곱게 채썬다.
2 달군 팬에 올리브유를 두른 후 채썬 양파를 넣고 약불에서 색이 변할 때까지 볶는다.
3 볶은 양파에 설탕을 넣고 다시 한 번 볶아낸 후 푸드프로세서로 곱게 갈아 완성한다.
4 소독한 용기에 담아 냉장보관한다.

Point
양파를 볶을 때는 반드시 약불에서 오랜 시간 볶아야 합니다. 진한 갈색이 될 때까지 볶아야 양파의 단맛을 최대치로 끌어낼 수 있어요. 꿀을 더하면 보존기간을 더 늘릴 수 있습니다.

끓이기

채소를 적당한 크기로 썰어 푸드프로세서에 갈은 뒤 남은 재료와 물을 넣고 약불에서 끓입니다. 맛이 농축되면서 진한 풍미의 페이스트가 완성되지요. 수분이 없어질 때까지 끓여야 보관기간이 늘어납니다.

NO. 05

채소스톡페이스트

무, 당근, 양파, 마늘 등 냉장고 속 자투리 채소를 푹 끓여 곱게 갈았습니다. 육수나 채수 대신 국물요리에 조금만 넣어도 맛이 확 살아나지요. 약불에서 수분이 없어질 때까지 끓이는 게 진한 풍미의 비결입니다.

냉장보관 3~5일　　**냉동보관** 1~2개월
활용요리 된장국&된장찌개&김치찌개&어묵국&잔치국수 등의 천연 조미료

재료

무 1/5개(300g), 당근·사과 1/2개(100g)씩, 양파 1개, 대파 1대, 버섯가루 1큰술, 다시마가루 1/2큰술, 물 1과1/2컵

만드는 법

1. 모든 채소는 너무 크지 않게 적당한 크기로 썬다.
2. 푸드프로세서에 준비한 채소와 물 1컵을 넣어 간다.
3. 냄비에 ②를 넣고 버섯가루와 다시마가루, 물 1/2컵을 넣은 후 약불에서 수분이 없어질 때까지 끓여 완성한다.
4. 소독한 용기에 담아 냉장보관한다.

Point
페이스트의 단맛을 높이고 싶다면 배를 조금 넣으세요. 셀러리를 추가하면 향도 살아나지요. 끓이는 단계에 월계수 잎 한 장을 넣는 것도 향을 내는 방법입니다.

삶기

콩을 삶아 페이스트를 만들면 한결 부드러워집니다. 콩은 12시간 정도 충분히 불려 껍질을 벗긴 후 삶아 식혔다가 남은 재료와 함께 믹서에 넣고 갈아주면 됩니다.

NO. 06 　　　　　　　　　　　　　　　　　　　　　후무스

삶은 병아리콩에 오일과 참깨를 넣고 갈아 고소함이 배가되었습니다. 샌드위치나 샐러드 등에 마요네즈 대신 사용하기 좋지요. 병아리콩 삶은 물을 버리지 않고 함께 갈아주는 게 맛의 포인트입니다.

냉장보관 3~5일
활용요리 딥핑소스, 스프레드, 샌드위치&토르티야 속재료 등

재료

병아리콩 1과1/4컵(250g), 병아리콩 삶은 물 1/2컵
병아리콩 삶기 소금 1/2작은술, 베이킹소다 약간, 물 4컵
양념 올리브유 3큰술, 참깨 2큰술, 레몬즙 1큰술, 다진 마늘 1/4작은술, 후춧가루 약간
토핑 올리브유 1/2큰술, 파슬리가루 1/3작은술, 고운 고춧가루 1/4작은술

만드는 법

1. 병아리콩은 12시간 정도 불려 찬물에 담가 손으로 비벼가며 껍질을 벗긴다.
2. 냄비에 병아리콩과 삶는 물 재료를 넣고 40분 정도 삶아 식힌다.
3. 믹서에 삶은 병아리콩과 병아리콩 삶은 물 1/2컵, 양념 재료를 넣고 갈아준다.
4. 소독한 용기에 담아 냉장보관한다.
5. 접시에 덜어 올리브유, 파슬리가루, 고운 고춧가루를 곁들여 즐긴다.

Point
병아리콩은 충분히 불린 뒤 삶아야 빠른 시간 내에 익습니다. 불리지 않은 상태에서 삶으면 시간도 오래 걸리고 메주 향 같은 콩 냄새가 날 수 있어요.

절이기

과일이나 채소를 소금에 절여 페스토를 만들면 발효가 진행되면서 맛이 깊어지고 보관기간도 훨씬 길어집니다. 채소보다는 덜 무른 과일이 만들기 적당하며 그때그때 제철에 나오는 계절과일을 이용합니다.

NO. 07　　　　　　　　　　　　　　**금귤소금페스토**

단맛, 신맛, 약간의 쓴맛이 어우러진 금귤의 맛을 온전히 느낄 수 있습니다. 재료의 주황빛 컬러가 그대로 살아 있어 요리에 활용하면 색감도 예쁘지요. 은은한 금귤향으로 해산물이나 육류의 비린내 제거에도 탁월합니다.

냉장보관 6개월
활용요리 샐러드드레싱, 육류와 해산물 마리네이드, 고기요리 간하기 등

재료
금귤 500g, 굵은소금 50g
금귤 담글 물 식초 2작은술 (10g), 베이킹소다 1/2작은술(2g), 물 3컵

만드는 법
1　금귤은 식초와 베이킹소다를 푼 물에 10분간 담갔다가 깨끗이 세척한 후 키친타월 위에 올려 물기를 제거한다.
2　세척한 금귤은 반 갈라 씨를 뺀다.
3　푸드프로세서에 씨를 제거한 금귤을 넣고 곱게 갈아준다.
4　볼에 ③의 갈은 금귤과 굵은소금을 넣고 섞는다.
5　소독한 용기에 담아 냉장고에서 숙성시켜 2주 후부터 사용한다.

금귤의 씨는 반드시 제거하세요. 통째로 만들면 씨의 쓴맛이 페스토에도 영향을 미쳐요. 보관기간을 더 늘리고 싶다면 소금의 양을 늘리세요.

갈기

NO. 08 취나물캐슈너트페스토
NO. 09 시금치아몬드페스토

각각 취나물과 시금치로 만드는 페스토입니다. 만드는 방법도 같지요. 취나물의 경우 쓴맛이 강하다면 견과류의 양을 늘리거나 설탕을 조금 추가하세요. 시금치 대신 겨울철 섬초를 활용하면 달콤한 페스토를 만들 수 있습니다.

냉장보관	7~10일	냉동보관	1개월
활용요리	파스타&리조또 소스, 육류 마리네이드, 샐러드드레싱 등		

재료

취나물 잎 또는 시금치 잎 1줌(30g), 캐슈너트 또는 아몬드 3큰술(45g), 마늘 1쪽, 그라노파다노치즈 5큰술(25g), 소금 1/4작은술(시금치아몬드페스토는 1/3작은술), 올리브유 2/3컵

만드는 법

1 취나물 잎 또는 시금치 잎은 깨끗이 씻은 후 물기를 털고 키친타월 위에 올려 수분을 최대한 제거한다.
2 캐슈너트 또는 아몬드는 약하게 달군 팬에 넣어 노릇해지도록 볶아 식힌다.
3 마늘은 칼등으로 으깨서 준비한다.
4 푸드프로세서에 모든 재료를 넣고 갈아준다.
5 소독한 용기에 담아 냉장보관한다.

취나물과 시금치처럼 줄기가 억센 채소들은 가능한 잎 부분만 떼어 사용하세요. 페스토를 완성했을 때 색이 선명해져 한결 먹음직스러워요.

| NO. 10 | **마늘페이스트** |

한 번 쪄낸 마늘을 우유에 넣고 끓인 후 소금, 올리브유와 함께 곱게 갈아 만든 페이스트입니다. 우유의 부드럽고 고소한 맛이 마늘에 배어 알싸한 맛과 향이 사라지죠. 매운맛이 아쉽다면 약간의 고춧가루를 더해 만드세요.

| 냉장보관 | 7~10일 | 냉동보관 | 2개월 |
| 활용요리 | 나물무침 양념, 육류 마리네이드, 소스 등 |

재료

마늘 2컵(200g), 우유 1컵, 올리브유 1큰술, 소금 1/3작은술

만드는 법

1. 마늘은 꼭지를 떼어 김 오른 찜기에 면보를 깔고 그 위에 올려 10분 정도 찐다.
2. 냄비에 우유와 ①의 찐 마늘을 넣고 약불에서 뭉근히 끓여 식힌다.
3. 믹서에 ②와 올리브유, 소금을 넣고 곱게 간다.
4. 소독한 용기에 담아 냉장보관한다.

마늘의 씹히는 식감을 원한다면 믹서에 가는 대신 수저로 으깨 만드세요. 곱게 갈았을 때와는 사뭇 다른 식감을 느낄 수 있어요.

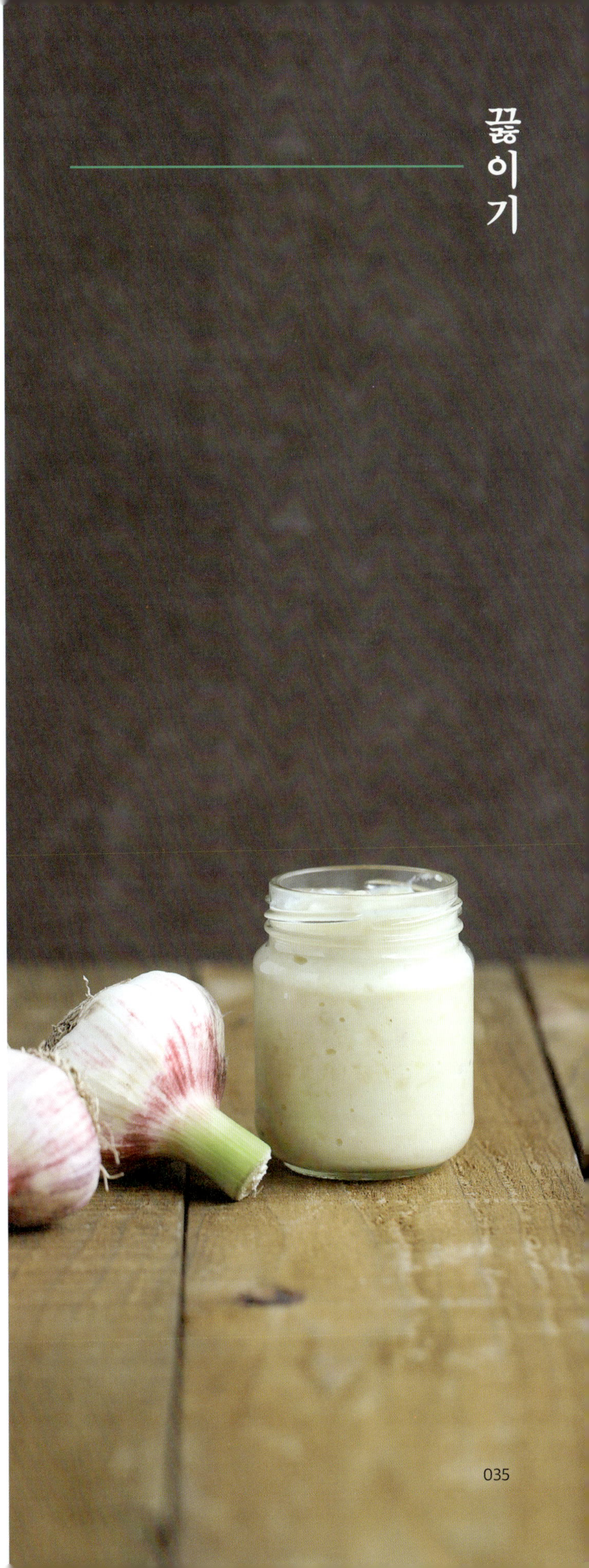

끓이기

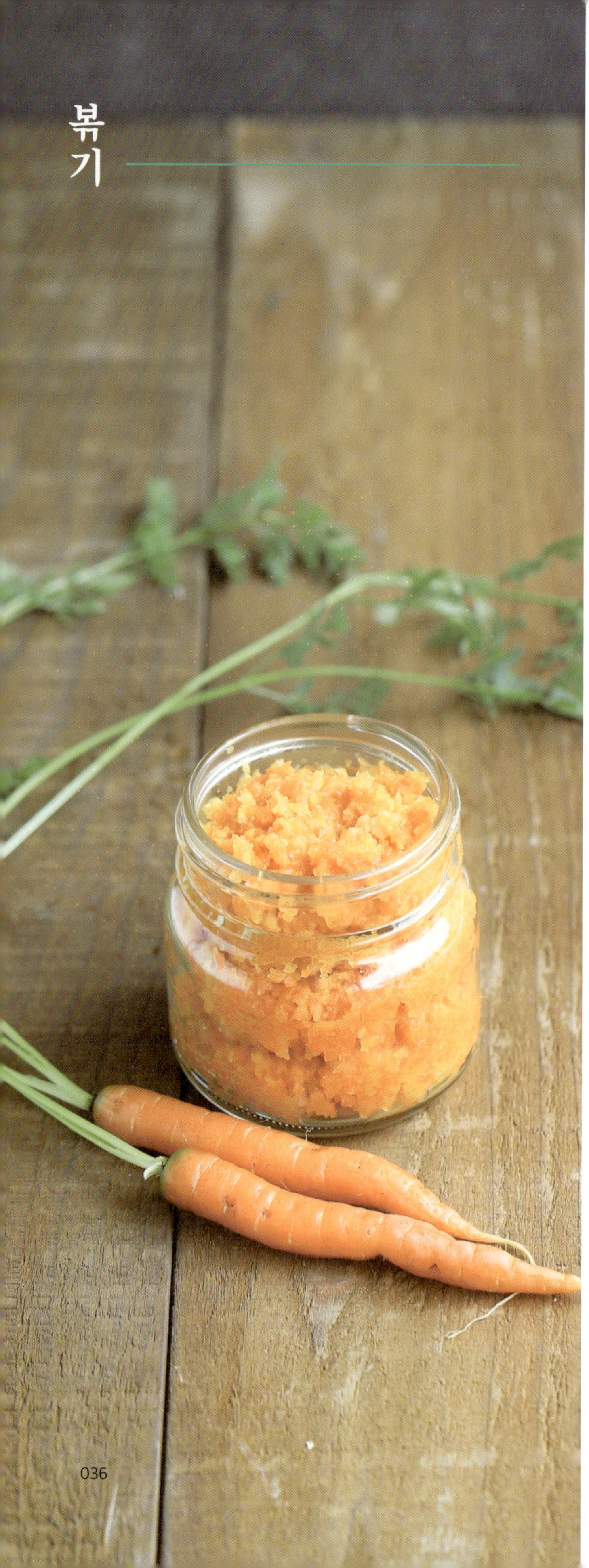

볶기

NO. 11   **당근사과페이스트**

구움과자나 머핀 등 다양한 간식에 활용하기 좋은 페이스트입니다. 사과와 당근을 볶은 뒤 곱게 갈아 생으로 먹을 때보다 단맛이 강하지요. 베이킹이나 디저트에도 활용하기 좋아요. 사과의 향과 단맛 더 내고 싶다면 사과즙을 넣으세요.

냉장보관	7~10일	냉동보관	1개월
활용요리	머핀&도넛 반죽, 빙수 토핑 등		

재료

당근·사과 1개(200g)씩, 올리고당 3큰술, 버터 2큰술(30g)

만드는 법

1. 당근, 사과는 껍질을 벗긴 후 얇게 슬라이스한다.
2. 약하게 달군 팬에 버터를 넣고 녹으면 슬라이스한 당근과 사과를 넣고 볶다가 올리고당을 더해 볶는다.
3. ②를 푸드프로세서에 넣고 곱게 갈아 완성한다.
4. 소독한 용기에 담아 냉장보관한다.

버터와 올리고당은 가능한 빠르게 볶아야 타지 않아요. 볶는 시간 단축을 위해 당근과 사과는 얇게 슬라이스해 사용합니다.

NO. 12

깨오일페스토

볶은 깨에 오일을 더해 만들어 참기름 대용으로 쓰기 좋은 페스토입니다. 고소한 맛이 일품이라 나물무침에 참기름 대신 넣어도 맛깔나지요. 삶은 콩을 같이 섞어 갈면 부드러움과 고소함 모두를 잡을 수 있어요.

냉장보관 | 15~20일
활용요리 | 콩국수 국물, 나물무침 양념, 냉채 소스, 후무스 재료 등

Recipe

재료

깨 1컵(155g), 참기름 4큰술, 소금 1/4작은술, 올리브유 1/4컵

만드는 법

1 깨는 약하게 달군 팬에 볶아 식힌다.
2 푸드프로세서에 볶은 깨를 넣어 곱게 갈은 후 남은 재료를 모두 넣고 한 번 더 갈아 완성한다.
3 소독한 용기에 담아 냉장보관한다.

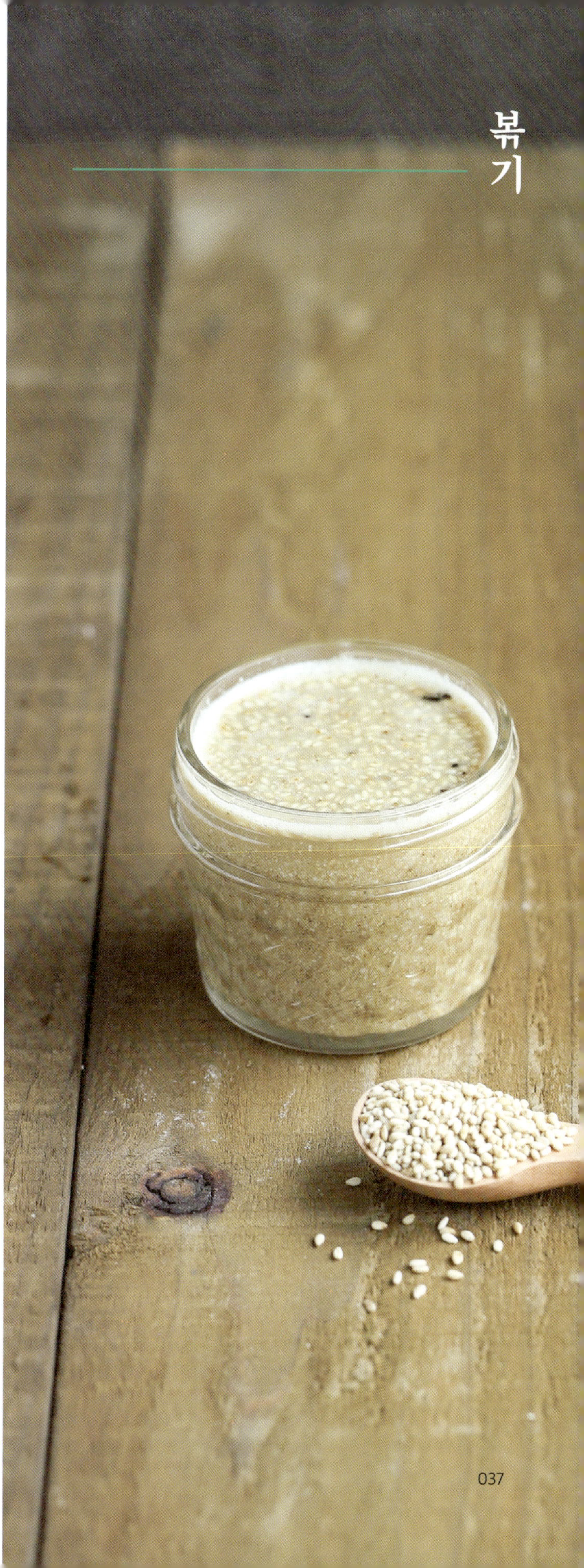

Point

깨는 반드시 약불에 볶아야 고소한 맛이 상승합니다. 검은깨를 조금 섞어도 괜찮아요. 취향에 맞춰 참기름 대신 들기름을 넣어도 좋습니다.

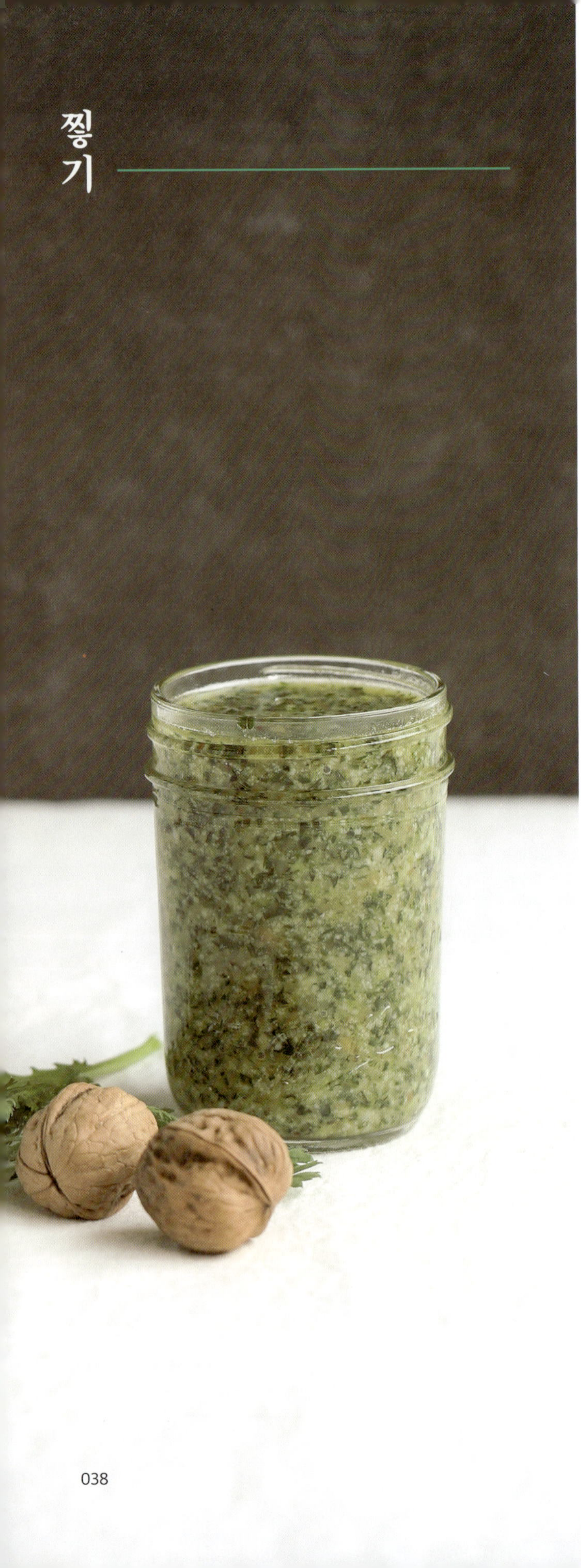

찧기

NO. 13

쑥갓호두페스토

페스토용 향채소가 마땅치 않은 겨울철에는 쑥갓을 활용하세요. 쑥갓의 강한 향이 고소한 호두와 잘 어울립니다. 허브에 비해 가격도 저렴해 저장식으로 만들어두기 좋아요. 향을 내고 싶은 요리에 두루 활용하세요.

냉장보관 7~10일 **냉동보관** 1개월
활용요리 파스타&리조또 소스, 피자 토핑 등

Recipe

재료

쑥갓 잎 1줌(약 25g), 호두 3과1/2큰술(35g), 그라노파다노치즈 4큰술(20g), 소금 1/4작은술, 후춧가루 약간, 올리브유 1/2컵

만드는 법

1 쑥갓은 잎만 떼어 깨끗이 씻어 물기를 털고 키친타월에 위에 올려 수분을 최대한 제거한다.
2 호두는 약하게 달군 팬에 넣어 노릇해지도록 볶아 식힌 뒤 굵게 다진다.
3 돌절구에 쑥갓→호두→그라노파다노치즈→올리브유→소금→후춧가루 순서로 재료를 넣고 으깨듯 찧어 고루 섞는다.
4 소독한 용기에 담아 냉장보관한다.

Point

쑥갓의 줄기부분은 섬유질이 많아 페스토로 만들었을 때 식감이 덜할 수 있어요. 질긴 줄기부분은 미리 제거하고 사용하세요.

NO. 14 파프리카카레페이스트

이국적인 향의 카레로 페이스트를 만들었습니다. 파프리카를 구워 껍질을 벗기고 만들어 당도가 높고 식감이 부드럽지요. 느끼하기 쉬운 크림이나 우유가 들어간 요리에 약간만 넣어도 느끼함을 덜어주고 맛을 냅니다.

냉장보관 5~7일	냉동보관 1개월
활용요리 카레 베이스, 덮밥 소스, 디핑소스 등	

재료

파프리카 2개(400g), 토마토 1/2개(100g), 카레가루·그라노파다노치즈·아몬드가루 2큰술씩, 다진 마늘 1큰술, 소금 1/3작은술, 후춧가루 약간, 올리브유 1/4컵

만드는 법

1. 파프리카는 포크로 꽂아 가스불 또는 토치를 이용해 겉껍질이 검게 될 때까지 구운 뒤 찬물에 검게 탄 부분을 씻어낸다.
2. 토마토는 십자모양의 칼집을 넣고 끓는 물에 데쳐 껍질을 벗긴다.
3. 준비한 파프리카와 토마토를 적당히 잘라 푸드프로세서에 넣고 곱게 갈아준다.
4. 팬에 올리브유를 둘러 ③과 카레가루, 그라노파다노치즈, 아몬드가루, 다진 마늘, 소금, 후춧가루를 넣고 중약불에서 걸쭉해지도록 끓여 완성한다.
5. 소독한 용기에 담아 냉장보관한다.

파프리카를 태우듯 굽는 게 어렵다면 오븐을 활용하세요. 150℃로 10분 예열한 오븐에 넣고 20분간 구워 겉껍질의 탄 부분을 씻어내고 사용합니다.

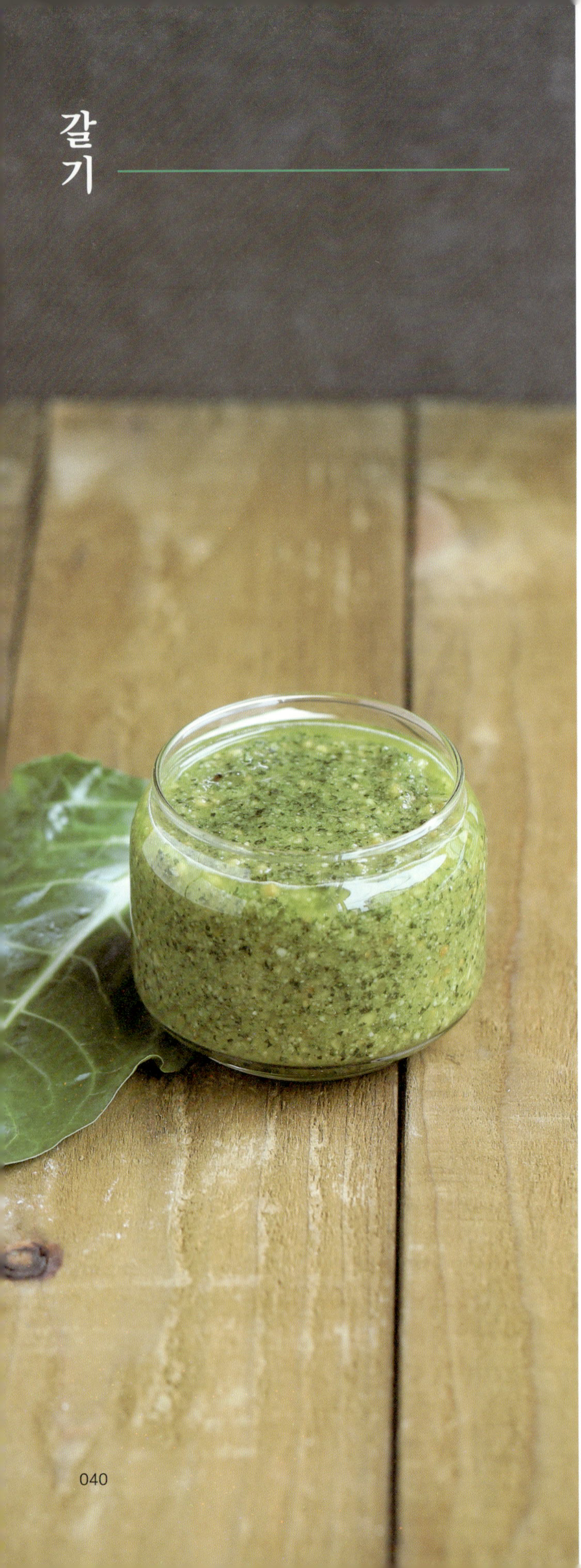

갈기

NO. 15 **근대땅콩 미소된장페스토**

짭짤하면서도 달큰한 미소된장과 고소한 땅콩으로 만든 색다른 페스토입니다. 근대의 쌉싸름한 맛까지 느껴지지요. 채소무침이나 재료를 버무릴 때 소스처럼 활용하세요.

냉장보관	7~10일	냉동보관	1개월
활용요리	샐러드드레싱, 육류 마리네이드, 채소무침 소스 등		

재료

근대 3장(25g), 땅콩·그라노파다노치즈 4큰술씩, 마늘 1쪽, 올리고당 2작은술, 미소된장 1작은술, 후춧가루 약간, 올리브유 1/2컵

만드는 법

1 근대는 깨끗이 씻은 후 물기를 털고 키친타월 위에 올려 수분을 최대한 제거한다.
2 준비한 근대는 반 갈라 2cm 길이로 썰고, 마늘은 칼등으로 으깬다.
3 땅콩은 약하게 달군 팬에 넣어 노릇해지도록 볶아 식힌다.
4 푸드프로세서에 모든 재료를 넣고 갈아준다.
5 소독한 용기에 담아 냉장보관한다.

페스토에 넣는 미소된장은 단맛이 나는 시로미소(흰색 미소)가 알맞아요. 미소의 단맛이 근대의 쓴맛을 잡아줍니다.

NO. 16   **미나리청양고추페스토**

향긋한 미나리와 매콤한 청양고추로 맛을 낸 칼칼한 페스토입니다. 깔끔하면서도 매콤해 느끼한 음식에 곁들이기 좋지요. 요리에 매운맛을 주고 싶을 때 활용하세요. 미나리는 줄기보다 잎을 위주로 넣어야 선명한 컬러의 페스토가 완성됩니다.

냉장보관 7~10일	냉동보관 1개월
활용요리	튀김요리 반죽, 육류와 해산물 마리네이드, 파스타&리조또 소스 등

재료

미나리 1줌(20g), 청양고추 1개, 마늘 1쪽, 캐슈너트 4큰술(60g), 그라노파다노치즈 5큰술(25g), 소금 1/4작은술, 후춧가루 약간, 올리브유 2/3컵

만드는 법

1. 미나리와 청양고추는 씻은 후 물기를 털고 키친타월 위에 올려 수분을 최대한 제거한다.
2. 청양고추는 반 갈라 송송 썰고 마늘은 칼등으로 으깨 준비한다.
3. 캐슈너트는 약하게 달군 팬에 넣어 노릇해지도록 볶아 식힌다.
4. 푸드프로세서에 모든 재료를 넣고 갈아준다.
5. 소독한 용기에 담아 냉장보관한다.

Point

더 매운맛을 원할 때는 페퍼론치노나 매운 고춧가루를 넣으세요. 청양고추의 양을 늘리면 페스토에서 풋내가 날 수 있어요.

찧기

NO. 17   **깻잎액젓페스토**

깻잎과 견과류, 액젓, 파마산치즈로 만들어 한식에도 잘 어울리는 페스토입니다. 깻잎의 독특한 향과 정유성분이 생선요리나 고기요리의 비린내와 누린내를 제거해주지요. 소금 대신 액젓을 넣어 감칠맛이 느껴집니다.

냉장보관 7~10일	**냉동보관** 1개월
활용요리	샐러드드레싱, 디핑소스, 육류와 해산물 마리네이드, 파스타&리조또 소스, 피자 토핑

Recipe

재료

깻잎 15장(약 25g), 아몬드 2큰술(30g), 잣 1큰술(10g), 마늘 1쪽, 그라나파다노치즈 3과1/2큰술(18g), 멸치액젓 1/2작은술, 후춧가루 약간, 올리브유 1/2컵

만드는 법

1. 깻잎은 깨끗이 씻어 물기를 털고 키친타월 위에 올려 수분을 최대한 제거해 손으로 뜯는다.
2. 아몬드와 잣은 약하게 달군 팬에 넣어 노릇해지도록 볶아 식힌다.
3. 절구에 깻잎→마늘→볶은 아몬드와 잣→그라나파다노치즈→올리브유→멸치액젓→후춧가루 순서로 재료를 넣고 으깨듯 찧어 골고루 섞는다.
4. 소독한 용기에 담아 냉장보관한다.

Point

완성 시 쓴맛이 강하게 느껴진다면 약간의 설탕을 추가하세요. 액젓 대신 엔쵸비를 넣으면 색다른 감칠맛이 납니다.

NO. 18　**옥수수페이스트**

삶은 옥수수에 오일과 소금을 더한 페이스트로 고소한 수프나 간단한 베이킹에 활용하기 좋습니다. 옥수수의 톡톡 씹히는 질감이 색다르지요. 찰옥수수와 노란옥수수를 섞어 만들면 색이 더 먹음직스러워져요.

냉장보관	5일
냉동보관	2개월
활용요리	머핀&마들렌 반죽, 수프 메인재료, 샐러드 토핑 등

재료

옥수수 알갱이 2컵(240g), 채수 또는 물 1/2컵, 올리브유 1/4컵, 소금 1/2작은술
옥수수 삶기 설탕 1/2큰술, 소금 1/2작은술, 물 2와 1/2컵

만드는 법

1. 냄비에 옥수수 알갱이와 옥수수 삶는 물 재료를 넣고 20분 정도 삶아 식힌다.
2. 푸드프로세서에 삶은 옥수수와 올리브유, 채수 또는 물, 소금을 넣고 곱게 갈아준다.
3. 소독한 용기에 담아 냉장보관한다.

Point

옥수수 자체에 맛이 덜 들었다면 옥수수를 삶을 때 약간의 설탕을 넣으세요. 옥수수의 단맛이 올라가 페이스트의 맛도 좋아집니다.

삶기

볶기

NO. 19   **땅콩오일페스토**

진한 고소한 맛을 내고 싶을 때 사용하기 좋은 페스토입니다. 볶은 땅콩과 오일을 섞어 고소함이 끝내주지요. 식감을 즐기고 싶다면 약간 거칠게 갈아주세요. 빵에 발라 먹어도 맛이 좋답니다.

냉장보관	10~15일
활용요리	콩국수 국물, 수프&진미채볶음&나물무침 양념, 해산물냉채 소스 등

재료

볶은 땅콩 1과1/2컵(200g), 꿀 3큰술, 포도씨유 2큰술, 소금 1/2작은술

만드는 법

1. 땅콩은 약하게 달군 팬에 넣고 노릇하게 볶아 식힌다.
2. 푸드프로세서에 볶은 땅콩을 넣고 간 뒤 꿀과 포도씨유, 소금을 더해 한 번 더 갈아 완성한다.
3. 소독한 용기에 담아 냉장보관한다.

Point

볶은 땅콩도 반드시 약불에서 한 번 더 볶아 사용해야 고소함이 유지됩니다. 땅콩은 지방이 많아 곱게 갈아 오래 두면 산패되어 기름의 쩐내가 날 수 있으니 조금씩 만들어 드세요.

NO. 20

블랙올리브 엔쵸비페스토

블랙올리브엔쵸비페스토는 절인 식재료로 만들어 다른 페스토보다 보관기간이 깁니다. 올리브와 엔쵸비 모두 짠맛이 강하므로 활용요리에 넣을 때는 간을 보고 양을 조절하세요. 이태리파슬리는 다른 허브로 대체 가능합니다.

냉장보관 15~20일 **냉동보관** 1개월
활용요리 구움찰떡 속재료, 파스타&리조또 소스, 고기요리 양념, 샐러드드레싱 및 토핑 등

재료 (Recipe)

블랙올리브 1과1/4컵(150g), 엔쵸비 3~4장(10g), 이태리파슬리 1/2줌(5g), 마늘 2쪽, 그라노파다노치즈 1큰술(5g), 크러쉬드페퍼 1작은술, 후춧가루 1/6작은술, 올리브유 1/2컵

만드는 법

1. 올리브는 체에 밭쳐 수분을 제거한다.
2. 마늘은 칼등으로 으깬다.
3. 푸드프로세서에 모든 재료를 넣고 약간 거칠게 갈아준다.
4. 소독한 용기에 담아 냉장보관한다.

Point

기호에 따라 짠맛을 엔쵸비나 치즈의 양으로 조절하세요. 올리브도 체에 밭쳐 수분을 제거해야 짠맛이 덜해요.

갈기

절이기

NO. 21 　　**유자소금페스토**

향긋한 유자를 페스토로 즐기세요. 유자의 신맛과 쓴맛이 소금과 어우러져 맛이 깔끔합니다. 다양한 해산물 요리에 소금처럼 넣기 좋아요. 샐러드드레싱 만들 때도 잊지 마세요.

냉장보관	6개월
활용요리	샐러드드레싱, 오일파스타 양념, 육류와 해산물 마리네이드, 해산물냉채 소스 등

재료

유자 1kg, 굵은소금 100g

유자 담글 물 식초 2작은술(10g), 베이킹소다 1작은술(4g), 물 3컵

만드는 법

1. 유자는 약간의 굵은소금에 문질러 물로 씻어 식초와 베이킹소다를 푼 물에 10분간 담갔다가 깨끗이 세척한 후 물기를 제거한다.
2. 준비한 유자는 반 갈라 씨를 뺀 후 갈기 좋은 크기로 자른다.
3. 푸드프로세서에 유자를 넣고 곱게 갈아준다.
4. 볼에 ③의 유자와 굵은소금을 넣고 섞는다.
5. 소독한 용기에 담아 냉장고에서 숙성시켜 2주 후부터 사용한다.

유자는 씻은 뒤 채반에 받쳐 물기를 털고 키친타월로 물기를 제거해 사용하세요. 보관기간을 늘리는 방법입니다.

절이기

NO. 22 **레몬소금페스토**

레몬의 신맛과 소금의 짠맛이 어우러져 시간이 지날수록 향이 좋은 페스토입니다. 새우, 조개 등 해산물 요리에 넣으면 비린내를 잡아주고 은은한 향을 내지요. 과일 드레싱에도 소금 대용으로 넣으면 향긋한 드레싱이 완성됩니다.

냉장보관 | 6개월
활용요리 | 샐러드드레싱, 고기볶음&오일파스타 양념, 리조또 소스 등

Recipe

재료

속껍질 제거한 레몬 1kg, 굵은소금 120g

레몬 담글 물 식초 2작은술(10g), 베이킹소다 1작은술(4g), 물 3컵

만드는 법

1. 레몬은 약간의 굵은소금에 문질러 물로 씻어 식초와 베이킹소다를 푼 물에 10분간 담갔다가 깨끗이 세척한 후 물기를 제거한다.
2. 레몬의 겉껍질은 치즈 그레이터로 갈고 속껍질을 제거한 후 반 갈라 씨를 뺀다.
3. ②의 레몬 과육은 갈기 좋은 크기로 자른다.
4. 푸드프로세서에 ③을 넣고 곱게 간다.
5. 볼에 레몬 제스트와 곱게 간 레몬과육, 굵은소금을 넣고 섞는다.
6. 소독한 용기에 담아 냉장고에서 숙성시켜 2주 후부터 사용한다.

Point

레몬의 쓴맛은 씨와 속껍질에 있어요. 모두 제거하고 사용해주세요. 겉껍질은 버리지 않고 제스트로 만들어 넣어요.

리코타치즈바질페스토피자

by 바질페스토

리코타치즈와 바질페스토를 토핑해 구운 피자예요. 담백한 치즈와 은은한 바질 향이 일품이지요. 통밀 토르티야를 도우처럼 사용해 가장자리까지 바삭하게 즐길 수 있답니다. 손님 초대상이나 아이 간식으로 추천해요.

by 바질페스토

방울토마토바질카펠리니

바질페스토만 있다면 후다닥 쉽게 만들 수 있는 메뉴입니다. 바질페스토를 파스타 소스로 활용해 바질의 풍미를 제대로 느낄 수 있지요. 심플하고 담백한 맛의 콜드파스타로 멋진 한끼를 완성하세요.

매콤한 페스토로 버무린 가라아게

by 삐칸테바질토마토페스토

일본식 닭튀김인 가라아게를 삐칸테바질토마토페스토에 버무려 튀겼습니다. 바질의 향이 닭의 누린내를 잡아주지요. 색다른 맛의 치킨을 원하는 분께 권합니다. 시원한 맥주 안주로, 특별한 밥반찬으로 즐기세요.

by 삐칸테바질토마토페스토 ──────────────── **삐칸테꿀마늘빵**

다진 마늘과 버터, 꿀로 조합되는 마늘빵 베이스에 삐칸테바질토마토페스토를 더했습니다. 페스토의 매운 뒷맛이 버터의 느끼함을 덜어주지요. 냉동실에 얼려둔 빵이 있다면 삐칸테바질토마토페스토를 살짝 발라 구워보세요. 새로운 마늘빵의 세계가 열릴 거예요.

리코타치즈바질페스토피자

 — BASE   NO.01 바질페스토 P020 참조

재료

통밀 토르티야 4장, 베이컨 2장, 올리브 3개, 모짜렐라치즈 1과 1/2컵(150g), 토마토소스 10큰술(2/3컵), 바질페스토 3큰술, 그라노파다노치즈 약간

버섯 볶음 만가닥버섯 1팩(200g), 마늘 1쪽, 올리브유 2/3큰술, 소금·후춧가루 약간씩

리코타치즈 소스 플레인요구르트 1개(85g), 리코타치즈 4큰술, 꿀·레몬즙 1/2작은술씩

만드는 법

1 만가닥버섯은 밑동을 자르고 마늘은 칼등으로 으깬다. 베이컨은 1cm 폭으로 썬다. 올리브는 얇게 썬다.
2 볼에 리코타치즈 소스 재료를 모두 넣고 섞어둔다.
3 중약불로 달군 팬에 올리브유와 으깬 마늘을 넣어 향을 내고 만가닥버섯을 소금과 후춧가루로 간하며 노릇하게 볶는다.
4 토르티야 가장자리 2cm를 남기고 토마토소스를 바르고 위에 모짜렐라치즈를 펼친 후 다른 토르티야 1장을 올린다.
5 ④ 위에 다시 가장자리 2cm를 남겨 토마토소스를 바르고 모짜렐라치즈→볶은 만가닥버섯→베이컨→올리브→모짜렐라치즈 순으로 올린 뒤 200℃에서 10분간 예열한 오븐에서 5분간 굽는다.
6 오븐에서 꺼내 바질페스토와 리코타치즈 소스, 그라노파다노치즈를 뿌려 완성한다.

TIP 토마토소스와 바질페스토 비율 잡기
소스와 페스토를 다양한 비율로 넣어 피자를 만드세요. 서서히 바질페스토의 양을 늘려가며 만들어도 좋습니다. 토마토와 바질의 궁합이 좋아요.

방울토마토바질카펠리니

 — BASE   NO.01 바질페스토 P020 참조

재료

카펠리니 2줌(140g), 방울토마토 10개, 마늘 2쪽, 바질페스토 10큰술(2/3컵), 그라노파다노치즈 3큰술(15g), 올리브유 2큰술, 갈은 페퍼론치노 1/2작은술, 소금·후춧가루 1/8작은술씩

면 삶기 소금 1큰술, 물 1과1/2리터

만드는 법

1 방울토마토는 꼭지를 떼고 마늘은 0.3cm 폭으로 편썬다.
2 냄비에 물 1과1/2리터와 소금 1큰술을 넣어 끓어오르면 카펠리니를 포장지에 적힌 시간대로 삶아 체에 밭친다. 물기가 제거되면 올리브유 1큰술을 뿌려 접시에 펼쳐 식힌다.
3 중약불로 달군 팬에 올리브유 1큰술을 두르고 편썬 마늘을 넣어 노릇하게 볶다가 방울토마토, 소금, 후춧가루를 넣고 센 불로 올려 살짝 볶는다.
4 볼에 삶아 식힌 카펠리니를 넣고 바질페스토에 버무려 접시에 담은 뒤 ③의 볶은 방울토마토와 마늘을 올린다.
5 그라노파다노치즈와 페퍼론치노를 뿌려낸다.

TIP 삶은 파스타는 곧장 펼쳐 식히기
콜드파스타용 면은 끓는 물에 넣어 삶자마자 꺼내서 접시에 펼쳐서 재빨리 식히세요. 파스타 면의 전분이 남아 소스가 더욱 잘 묻어납니다.

매콤한 페스토로 버무린 가라아게

 —— BASE NO.02 뻬칸테바질토마토페스토 P022 참조

재료

닭다리살 정육 1팩(300g), 달걀흰자 1개 분량, 레몬 1/4개, 녹말가루 1컵, 식용유 2와1/2컵
밑간 양념 맛술·청주 1큰술씩, 뻬칸테바질페스토·간장 1/2큰술씩, 다진 마늘 1작은술, 다진 생강 1/2작은술, 소금·후춧가루 약간씩
크림치즈마늘 소스 플레인요구르트 1개, 크림치즈·레몬즙·올리브유 2큰술씩, 꿀 1큰술, 다진 마늘 2작은술, 매운 고춧가루·소금 1/4작은술씩

만드는 법

1. 닭다리살은 포 뜨듯 저미 양념이 잘 배이도록 칼끝으로 콕콕 찌른 후 사방 5cm 크기로 자른다.
2. 밑간 양념을 섞어 준비한 닭다리살을 버무려 10분간 재운다.
3. 볼에 달걀흰자를 넣고 거품기로 저어 살짝 거품이 나게 한다.
4. 재운 닭다리살은 ③의 달걀흰자 거품→녹말가루 순으로 묻혀 170℃로 달군 식용유에 바삭하게 튀긴다.
5. 식용유의 온도를 180℃로 올려 ④의 튀긴 가라아게를 30초간 한 번 더 튀겨낸다.
6. 믹서에 크림치즈마늘 소스 재료를 넣고 한 번에 갈아 소스를 만든다.
7. 접시에 튀긴 가라아게, 소스, 레몬을 함께 낸다.

페스토 양만큼 간장 줄이기 TIP
진한 풍미를 위해 페스토의 양을 늘렸다면 간장의 양은 그만큼 줄이세요. 늘어난 페스토의 양만큼 치즈와 소금의 양이 늘어나 요리가 짜지기 쉬워요.

뻬칸테꿀마늘빵

 —— BASE NO.02 뻬칸테바질토마토페스토 P022 참조

재료

바게트 빵 8장
뻬칸테바질토마토페스토 마늘소스 버터 3큰술(30g), 뻬칸테바질토마토페스토 1큰술, 꿀 1/2큰술, 다진 마늘·설탕 1작은술씩, 파슬리가루 1/2작은술

만드는 법

1. 오븐은 180℃로 맞춰 10분간 예열한다.
2. 버터는 전자레인지에 넣어 20초간 돌려 녹이고 다진 마늘과 뻬칸테바질토마토페스토, 꿀, 설탕을 넣고 섞는다.
3. 바게트 빵에 ②를 바르고 파슬리가루를 조금씩 뿌린다.
4. 예열한 오븐에 넣고 5분 정도 굽는다. 또는 약하게 달군 팬에서 앞뒤로 노릇하게 굽는다.

버터는 꼭 녹여서 사용하기 TIP
마늘소스를 만들 때는 반드시 버터부터 녹이세요. 녹은 버터로 소스를 만들어야 빵에 소스가 잘 흡수되어 마늘 향도 진하게 살아납니다.

바냐카우다와 찐 채소

by 마늘페이스트

뜨겁게 즐기는 이탈리아의 디핑소스인 바냐카우다를 활용한 메뉴입니다. 찐 채소에 마늘페이스트와 두유로 만든 바냐카우다를 곁들였어요. 먹고 나서도 속이 편해 부담 없이 먹기 좋습니다. 채소가 많아 고민이라면 바로 도전해보세요.

BASE
NO.10 마늘페이스트 P035 참조

재료
감자 1개(200g), 양배추 1/8개(250g), 어린 당근 4개(120g), 브로콜리 1/6개(60g)

두유마늘페이스트 바냐카우다 두유 1/2컵, 마늘페이스트·올리브유 1큰술씩, 다진 엔쵸비 1작은술, 녹말가루 1/2작은술, 후춧가루 1/6작은술

만드는 법
1   감자는 반으로 자르고 양배추는 어린 당근 크기에 맞춰 자른다. 브로콜리는 작은 송이로 자른다.

2   김 오른 찜기에 채소를 모두 넣고 5분 후 양배추와 브로콜리는 꺼내고 감자와 어린 당근은 10분 정도 더 찐다.

3   냄비에 두유와 마늘페이스트, 다진 엔쵸비, 올리브유, 녹말가루, 후춧가루를 넣고 고루 섞은 후 약불에서 살짝 걸쭉해지도록 끓여 바냐카우다를 만든다.

4   접시에 찐 채소를 올리고 ③의 두유마늘바냐카우다를 곁들여낸다.

TIP
녹말가루는 꼭 풀어 끓이기
바냐카우다를 만들 때 녹말가루를 풀지 않고 끓이면 덩어리지기 쉽습니다. 끓는 도중에 녹말가루를 넣을 때는 반드시 녹말물 상태로 넣으세요.

신김치비지찌개

콩비지에 채소스톡페이스트, 멸치가루를 넣고 끓인 간단한 찌개입니다. 김치를 같이 넣어 끓여도 좋지만 볶은 김치를 찌개 위에 고명처럼 올려 먹으면 콩비지의 고소함이 더욱 살아나요.

by 채소스톡페이스트

by 양파페이스트

구운 채소 올린 시금치그린카레

시금치를 듬뿍 넣고 만든 온가족을 위한 건강식 메뉴입니다. 시금치, 토마토, 우유, 양파페이스트가 어우러져 영양은 물론 카레의 풍미를 깊게 만들어줍니다. 노릇하게 구운 버섯과 계절채소를 카레에 올려 즐기세요. 계절의 색과 맛이 한 그릇에 담겨요.

아몬드고르곤졸라치즈파니니

by 버섯아몬드페스토

버섯아몬드페스토를 바른 치아바타에 모짜렐라치즈와 고르곤졸라치즈를 넣고 구운 뒤 꿀, 아몬드슬라이스를 뿌려낸 파니니예요. 한 입 물면 버섯아몬드페스토의 감칠맛과 고소함이 입안에 가득하지요. 버섯을 먹지 않는 아이들 간식으로도 안성맞춤입니다.

by 채소스톡페이스트

토마토양배추수프

빵에 곁들일 간단한 수프가 필요할 때 육수나 채수 없이 빠르게 끓여내는 수프입니다. 토마토와 양배추를 듬뿍 넣고 채소스톡페이스트 몇 숟가락만 얹어 끓이면 깊고 시원한 맛의 수프가 완성되지요. 엔쵸비를 다진 마늘에 볶아 넣으면 수프의 맛을 한층 높여줍니다.

신김치비지찌개

— BASE   NO.05 채소스톡페이스트 P028 참조

재료
콩비지 1팩(320g), 채소스톡페이스트 3큰술, 국간장·멸치가루·들기름 1작은술씩, 소금 약간, 물 1/2컵
김치볶음 다진 김치 1/3컵, 들기름 1/2큰술, 올리고당 1작은술

만드는 법
1. 기름을 두르지 않은 팬에 김치볶음 재료를 넣고 중약불에서 2~3분가량 볶는다.
2. 냄비에 콩비지, 물, 채소스톡페이스트, 국간장, 멸치가루, 소금을 넣고 중불로 끓이다가 국물이 자작해지면 들기름을 넣고 불을 끈다.
3. 그릇에 ②의 비지찌개를 담는다.
4. 미리 준비한 김치볶음을 고명처럼 올려 완성한다.

TIP
멸치가루로 맛의 포인트 주기
채소스톡페이스트에 멸치가루를 넣으면 진한 풍미가 느껴집니다. 오랫동안 끓인 멸치육수의 맛을 느낄 수 있어요.

구운 채소 올린 시금치그린카레

— BASE   NO.04 양파페이스트 P026 참조

재료
밥 2공기(400g), 카레 1/2봉지(50g), 시금치 1/2단(200g), 토마토 1개(200g), 양파페이스트 4큰술, 올리브유 1큰술, 다진 마늘 1/2큰술, 소금·후춧가루 약간씩, 우유 1컵, 물 1/2컵
토핑용 구운 채소 호박 1/6개(30g), 어린 당근 2개(60g), 맛타리버섯 1/2줌(50g), 올리브유 1큰술

만드는 법
1. 시금치는 뿌리부분만 자르고 토마토는 십자모양 칼집을 넣어 끓는 물에 살짝 데쳐 껍질을 벗겨 0.5cm 두께로 썬다.
2. 맛타리버섯은 밑동만 자르고 호박은 0.5cm 두께로 썬다.
3. 달군 팬에 올리브유 1큰술을 두르고 다진 마늘을 넣어 향을 내어 시금치를 넣고 볶다가 데친 토마토를 넣어 볶은 후 물 1/2컵을 부어 끓여 식힌다.
4. 믹서에 ③과 우유, 양파페이스트를 넣고 곱게 갈아준다.
5. 팬에 ④를 붓고 카레가루를 넣어 섞은 후 중약불에서 걸쭉하게 끓인다.
6. 달군 팬에 올리브유 1큰술을 두르고 준비해둔 어린 당근과 맛타리버섯, 호박에 소금과 후춧가루를 살짝 뿌려 중약불로 노릇하게 굽는다.
7. 접시에 밥을 담고 시금치그린카레를 올리고 그 위에 구운 채소와 버섯을 올려 완성한다.

TIP
양파를 볶아 단맛을 끌어올리기
깊은 단맛의 카레를 좋아하면 다진 마늘을 볶는 단계에서 양파 1/2개를 채썰어 같이 볶아주세요. 단맛이 한층 살아나요.

아몬드고르곤졸라치즈파니니

 —— BASE   NO.03 버섯아몬드페스토   P024 참조

재료

치아바타 빵 2개, 모짜렐라치즈 2/3컵(80g), 아몬드슬라이스 3큰술(45g), 버섯아몬드페스토·꿀 3큰술씩, 고르곤졸라치즈 2큰술

만드는 법

1. 치아바타 빵은 1/4 끝부분을 남기고 반 가른다.
2. 반 가른 치아바타 빵 한쪽 면에 버섯아몬드페스토를 바른다.
3. ②에 모짜렐라치즈, 고르곤졸라치즈를 올려 파니니그릴 또는 중약불로 달군 팬에서 앞뒤로 노릇하게 굽는다.
4. 접시에 구운 파니니를 담고 꿀과 아몬드슬라이스를 뿌려 완성한다.

TIP 페스토에 머스터드 섞기
치즈의 느끼함이 부담스러울 때는 홀그레인 머스터드를 버섯아몬드페스토에 섞어 사용하세요. 아이들 간식용이라면 허니머스터드를 섞어 쓰세요.

토마토양배추수프

 —— BASE   NO.05 채소스톡페이스트   P028 참조

재료

토마토 2개(400g), 양배추 1/4개(500g), 마늘 2쪽, 채소스톡페이스트 5큰술, 올리브유 1큰술, 다진 엔쵸비 1/2큰술, 소금 1/2작은술, 후춧가루 1/6작은술, 다시마 5×5cm 5장, 월계수 잎 2장, 물 3컵

만드는 법

1. 토마토는 사방 1cm 크기로, 양배추는 3×3cm 크기로 먹기 좋게 썰고 마늘은 굵게 다진다.
2. 냄비에 올리브유를 두르고 약불에서 굵게 다진 마늘을 넣어 향이 날 때까지 볶다가 다진 엔쵸비를 넣어 볶는다.
3. ②의 마늘이 노릇해지면 양배추를 넣고 중불에서 양배추의 숨이 죽을 때까지 볶는다.
4. ③에 토마토와 물, 채소스톡페이스트, 다시마, 월계수 잎을 넣고 중강불에서 끓어오르면 5분 후 다시마는 건지고 중약불에서 10분간 끓여 소금, 후춧가루로 간한다.

TIP 국물 맛의 깊이는 페이스트 양으로 조절하기
미리 만들어둔 육수나 채수가 없어도 토마토, 양배추, 채소스톡페이스트만 넣고 끓이면 깊은 국물 맛을 낼 수 있어요. 더 깊은 맛을 내고 싶다면 채소스톡페이스트의 양을 늘리세요.

오븐에 구운 치킨텐더

페스토를 활용해 치킨텐더를 구웠습니다. 튀김옷에 함께 넣은 시금치아몬드페스토와 마요네즈 속 오일 성분이 치킨텐더를 바삭하게 익혀주지요. 한 입 핑거 푸드나 도시락 메뉴로 즐기기 좋아요.

by 시금치아몬드페스토

by 시금치아몬드페스토

버섯현미크림리소토

집에서 건강한 외식요리를 즐기고 싶을 때 추천하는 요리예요. 시금치아몬드페스토와 크림이 만들어내는 연두빛이 시선을 모으지요. 현미로 만들어 쉽게 붇지 않아 고들고들한 식감이 유지됩니다. 크림이 부담스럽다면 우유 또는 두유로 대체하세요.

두유달걀찜

by 깻잎액젓페스토

마땅한 찬거리가 없는 날에는 달걀과 두유, 깻잎액젓페스토를 챙기세요. 달걀물에 두유 또는 우유를 넣고 다시마 우린 물과 깻잎액젓페스토를 섞어 쪄내면 별미 달걀찜이 완성됩니다.

by 당근사과페이스트

쌀구움도넛

밀가루가 들어가지 않은 도넛입니다. 튀기지 않고 구워내어 더 담백한 맛을 내지요. 도넛 반죽에 당근사과페이스트를 넣어 달콤한 맛과 향이 느껴집니다. 촉촉한 도넛의 맛을 즐겨보세요.

오븐에 구운 치킨텐더

 BASE　NO.09 시금치아몬드페스토　P034 참조

재료

닭안심 300g, 마요네즈·고추장아몬드마요소스(P104 참조) 3큰술씩, 시금치아몬드페스토 1/2큰술, 카레가루 1작은술, 소금 1/4작은술, 후춧가루 약간, 빵가루 1컵(240g)

만드는 법

1. 오븐은 200℃에서 10분간 예열한다.
2. 위생팩에 닭안심, 마요네즈, 시금치아몬드페스토, 카레가루, 소금, 후춧가루를 넣어 버무린다.
3. ②에 빵가루를 묻혀 오븐팬에 올린다.
4. 200℃에서 15분 정도 구워 완성한다. 오븐에 따라 익는 시간 차이가 날 수 있다.
5. 접시에 담고, 고추장아몬드마요소스를 곁들인다.

TIP
페스토와 마요네즈의 양 조율하기
시금치아몬드페스토의 양을 늘려도 좋습니다. 페스토의 양을 늘릴 때는 마요네즈의 양을 줄여야 간이 맞아요.

버섯현미크림리소토

 BASE　NO.09 시금치아몬드페스토　P034 참조

재료

현미밥 1공기(200g), 콜리플라워 1/5개(100g), 새송이버섯 1개(80g), 표고버섯 2개(50g), 맛타리버섯 1/2줌(50g), 베이컨 2줄, 마늘 2쪽, 시금치아몬드페스토·다진 양파 4큰술씩, 올리브유 3큰술, 소금 1/3작은술, 그라노파다노치즈·후춧가루 약간씩, 생크림 3컵

만드는 법

1. 새송이버섯과 표고버섯은 먹기 좋은 크기로 썰고 맛타리버섯은 큼직하게 찢어서 준비한다.
2. 콜리플라워와 베이컨은 각각 0.5cm 폭으로 썰고 마늘은 칼등으로 으깨 굵게 다진다.
3. 중불로 달군 팬에 올리브유 1큰술을 둘러 준비한 콜리플라워를 굽는다.
4. 중약불로 달군 팬에 올리브유 2큰술을 둘러 굵게 다진 마늘을 넣어 향을 내고 다진 양파와 모든 버섯, 베이컨을 넣고 노릇하게 볶는다.
5. ④에 시금치아몬드페스토 3큰술, 생크림, 소금, 후춧가루, 현미밥을 넣고 센 불에서 볶는다.
6. 접시에 리소토를 담고 구운 콜리플라워를 위에 올린 후 시금치아몬드페스토 1큰술과 그라노파다노치즈를 뿌려낸다.

TIP
초록빛은 시금치가루 활용하기
진한 초록빛의 버섯현미크림리소토를 만들고 싶다면 시금치를 볶아서 곱게 갈아넣거나 시금치가루를 활용하세요.

두유달걀찜

 BASE　　NO.17 깻잎액젓페스토　P042 참조

재료

달걀 2개, 깻잎액젓페스토 1큰술, 무가당 두유 1/2컵
다시마 우린 물 1/2컵　다시마 5×5cm 2장, 물 2/3컵

만드는 법

1. 냄비에 다시마 우린 물 재료를 넣고 부르르 끓어오르면 약불에서 5분간 끓였다가 식힌다.
2. 볼에 달걀 2개를 풀어 체에 내린다.
3. ②에 두유와 다시마 우린 물 1/2컵, 깻잎액젓페스토를 넣고 섞는다.
4. 내열용기에 ③을 담고 랩을 씌워 김이 오른 찜기에 올려 약불에서 10~15분 찐다.

재료는 거품나지 않게 섞기
달걀과 깻잎액젓페스토, 다시마 우린 물을 섞을 때는 거품이 나지 않도록 주의하세요. 거품이 많아지면 달걀찜의 식감도 거칠어져요.

쌀구움도넛

 BASE　　NO.11 당근사과페이스트　P036 참조

재료

습식 멥쌀가루 1/2컵(65g), 달걀 1과1/2개, 아몬드가루 6큰술(50g), 아몬드슬라이스 4큰술(30g), 우유 2와1/2큰술, 설탕 2와1/3큰술, 녹인 버터 2큰술, 당근사과페이스트 1과1/2큰술, 꿀 1큰술, 베이킹파우더 2/3작은술

만드는 법

1. 오븐은 180℃로 10분간 예열한다.
2. 볼에 달걀, 꿀, 설탕을 넣고 설탕이 녹을 때까지 휘핑기로 거품이 나지 않게 젓는다.
3. ②에 우유와 당근사과페이스트를 넣고 습식 멥쌀가루와 아몬드가루, 베이킹파우더를 한데 모아 체에 내려 섞는다. 쪼르르 떨어지는 조금 묽은 정도라면 완성이다.
4. ③에 아몬드슬라이스와 녹인 버터를 넣고 반죽을 잘 섞은 뒤 짤주머니에 넣는다.
5. 도넛 틀에 버터 또는 오일을 바른 후 도넛 반죽을 90% 정도 팬닝해 예열된 오븐에서 10~15분 구워낸다.

건식 쌀가루나 밀가루 사용 시에는 우유 양 늘리기
습식 쌀가루는 자체 수분이 함유되어 있어 반죽 시 우유가 많이 필요하지 않아요. 건식 쌀가루나 밀가루를 사용한다면 우유의 양을 늘려 농도를 맞추세요.

땅콩진미채

by 땅콩오일페스토

냉동실 구석에 밑반찬을 만들다 남은 진미채가 있다면 지금 바로 땅콩오일페스토에 버무려 볶으세요 시원한 맥주에 어울리는 술안주가 뚝딱 완성됩니다. 진미채와 땅콩오일페스토만 있다면 맛깔스러운 주전부리를 만들 수 있어요.

— BASE —
NO.19 땅콩오일페스토 P044 참조

재료

진미채 1줌(100g), 땅콩오일페스토 2큰술, 버터·설탕·다진 땅콩 1큰술씩

만드는 법

1. 진미채는 체에 밭쳐 흐르는 물에 한 번 씻는다.
2. ①에 땅콩오일페스토를 넣고 버무린다.
3. 중약불로 달군 팬에 버터를 넣고 녹으면 ②를 넣고 볶은 후 불을 끄고 설탕을 버무려 완성한다.
4. 그릇에 담고 다진 땅콩을 뿌려 완성한다.

페스토에 먼저 버무리고 볶기
진미채는 반드시 페스토에 버무린 후 볶아주세요. 볶으면서 페스토를 넣으면 땅콩오일페스토의 고소한 맛이 진미채에 골고루 입혀지지 않아요. 꼭 진미채에 버무린 후 볶아주세요.

그릴드 아스파라거스스틱

by 파프리카카레페이스트

소금, 후춧가루, 올리브유만 뿌려 구워낸 아스파라거스를 파프리카카레페이스트에 찍어 먹는 메뉴입니다. 페이스트 위에 다진 아몬드와 올리브유를 올려 부드럽고 고소하지요. 간단 술안주는 물론 부담 없는 다이어트식 메뉴로 추천합니다.

by 파프리카카레페이스트

불닭 올린 칠리덮밥

파프리카카레페이스트에 칠리소스, 토마토소스, 우유 등 다양한 재료를 넣어 만든 덮밥입니다. 밥 위에 매운 양념에 재웠다가 볶은 닭안심을 올리고 송송 썬 쪽파를 뿌리면 맛있는 한 그릇 요리가 완성되지요.

구운 감자버무리

by 근대땅콩미소된장페스토

구운 감자에 근대땅콩미소된장페스토를 버무렸습니다. 오븐이나 에어프라이기만 있다면 간단하게 만들 수 있지요. 감자에 올리브유, 소금, 후춧가루를 뿌려 구운 뒤 페스토에 버무리면 됩니다. 간식, 피크닉 도시락, 간단 술안주 등 어디에나 잘 어울려요.

by 깨오일페스토

방울토마토깨오이샐러드

후다닥 샐러드를 만들고 싶을 때 추천하는 메뉴예요. 레시피에는 오이, 방울토마토, 블랙올리브를 넣었지만 냉장고 속 남아 있는 채소가 있다면 활용해도 좋아요. 다양한 치즈를 더하면 고급스러운 와인안주로 변신합니다.

그릴드 아스파라거스스틱

 ─ BASE   NO.14 파프리카카레페이스트   P039 참조

재료
아스파라거스 10개(200g), 올리브유 1큰술, 소금 1/4작은술, 후춧가루 약간
아스파라거스 데치기 소금 1/2작은술, 물 2와1/2컵
디핑소스 파프리카카레페이스트 5큰술, 아몬드 2큰술(30g), 엑스트라버진 올리브유 1/2큰술

만드는 법
1 아스파라거스는 밑동 부분의 2cm 정도를 잘라내고 필러로 두꺼운 껍질을 벗겨 반 자른다. 아몬드는 굵게 다진다.
2 냄비에 소금을 푼 물을 부어 끓어오르면 아스파라거스를 30초간 데쳤다가 찬물에 헹구고 물기를 제거한다.
3 중약불로 달군 팬에 올리브유 1큰술을 두르고 ②의 아스파라거스를 올린 뒤 소금, 후춧가루를 뿌려 노릇하게 굽는다.
4 소스 볼에 파프리카카레페이스트를 담고 굵게 다진 아몬드와 엑스트라버진 올리브유를 뿌려 디핑소스를 만든다.
5 구운 아스파라거스와 디핑소스를 함께 낸다.

TIP
다진 견과류로 맛내기
파프리카카레페이스트를 디핑소스로 즐길 때는 다진 견과류를 토핑하세요. 아몬드, 땅콩, 캐슈너트, 피칸 등 다양하게 즐겨요.

불닭 올린 칠리덮밥

 ─ BASE   NO.14 파프리카카레페이스트   P039 참조

재료
밥 2공기(400g), 닭안심 4쪽(100g), 양파 1/2개(100g), 쪽파 2줄기, 우유·생크림 1컵씩, 토마토소스 2/3컵, 파프리카카레페이스트 1/3컵, 칠리소스 3큰술, 올리브유·버터 2큰술씩, 카레가루 1과1/2큰술, 쌀가루·다진 마늘 1큰술씩, 간장 1/2큰술, 고춧가루·소금 1/2작은술씩, 후춧가루 약간
불닭 양념 다진 양파·맛술 1큰술씩, 고추장 2/3큰술, 다진 마늘·올리고당 1/2큰술씩, 간장 1작은술

만드는 법
1 볼에 불닭 양념 재료와 닭안심을 넣고 버무려 10분 재운다.
2 양파는 굵게 다지고 쪽파는 송송 썬다.
3 중약불로 달군 팬에 올리브유 1큰술과 버터를 넣고 다진 양파를 노릇하게 볶는다.
4 ③에 파프리카카레페이스트와 우유, 토마토소스, 카레가루, 쌀가루, 간장, 고춧가루, 소금, 후춧가루를 넣고 걸쭉해질 때까지 끓인다.
5 ④에 생크림과 칠리소스를 넣고 중약불에서 끓여 완성한다.
6 달군 팬에 올리브유 1큰술을 둘러 양념에 재운 닭안심을 노릇하게 굽는다.
7 그릇에 밥을 담고 ⑤의 소스와 ⑥의 불닭, 송송 썬 쪽파를 올려 완성한다.

TIP
파프리카카레페이스트+고추장 궁합
진한 농도의 매운맛을 내고 싶다면 파프리카카레페이스트와 고추장을 섞어 사용하세요. 단맛과 매운맛을 함께 낼 수 있어 간이 잘 맞아요.

구운 감자버무리

 BASE   NO.15 근대땅콩미소된장페스토 P040 참조

재료

감자 2개(400g), 근대땅콩미소된장페스토 4큰술, 올리브유 1큰술, 소금·후춧가루 약간씩

만드는 법

1. 오븐을 200℃에서 10분간 예열한다.
2. 감자는 씻어 껍질째 4~6등분 한다.
3. 볼에 ②의 감자와 올리브유, 소금, 후춧가루를 넣어 섞은 후 오븐팬 위에 올린다.
4. 예열한 오븐에 넣고 10~15분 구워낸다.
5. 한 김 식혀 근대땅콩미소된장페스토와 버무려 접시에 담아 완성한다.

TIP

감자는 한 김 식혀 버무리기
오븐이나 에어프라이기에서 구워낸 감자에 바로 근대땅콩미소된장페스토를 버무리면 금세 눅눅해져요. 한 김 식혔다가 버무려야 맛도 식감도 좋답니다.

방울토마토깨오이샐러드

 BASE   NO.12 깨오일페스토 P037 참조

재료

오이 1개(200g), 방울토마토 10개(100g), 블랙올리브 5개, 소금·설탕 1/3작은술씩

소스 깨오일페스토 2큰술, 간장 1큰술, 설탕·식초 2/3큰술씩, 참기름 1작은술

만드는 법

1. 오이는 돌기부분을 칼등이나 필러로 벗겨내고 반 갈라 0.7cm 두께로 자른다.
2. 오이에 소금, 설탕을 넣고 10분간 절였다가 나온 물은 따라 버린다.
3. 방울토마토는 꼭지를 떼고 블랙올리브와 함께 반 자른다.
4. 넓은 볼에 소스 재료를 모두 넣고 섞는다.
5. ④에 준비한 오이와 방울토마토, 블랙올리브를 넣고 버무려 낸다.

TIP

참기름 대신 올리브유, 식초 대신 레몬즙
깨의 향이 부담스럽다면 참기름 대신 올리브유를 넣으세요. 식초 대신에 레몬즙을 넣어도 상큼함이 느껴져요. 계절과일로 신맛을 대체해도 좋아요.

금귤문어세비체

by 금귤소금페스토

금귤소금페스토로 드레싱을 만들어 자숙문어와 셀러리 잎, 금귤에 버무린 메뉴예요. 은은한 향이 마지막까지 입안에 남아 있지요. 차가운 요리가 먹고 싶은 더운 날이나 입맛 없는 날에 권합니다. 시원한 화이트와인과도 궁합이 좋아요.

by 레몬소금페스토

레몬대파고기볶음

돼지고기 뒷다리살로 어떤 요리를 하시나요? 제육볶음 외에는 떠오르는 게 없다면 메뉴를 바꿔보세요. 레몬소금페스토로 근사한 고기요리를 만들 수 있습니다. 레몬소금페스토의 신맛과 짠맛, 대파의 단맛이 잘 어울려요.

유자감베리오일파스타

by 유자소금페스토

향긋한 유자소금페스토로 간을 맞춘 오일파스타입니다. 새우와 올리브, 매콤한 페퍼론치노, 그리고 유자의 향이 입안에 착착 감기지요. 손님 초대상이나 와인 안주상에 적극 추천합니다.

by 미나리청양고추페스토

통들깨크림딸리아뗄레

깔끔한 매운맛의 크림파스타를 먹고 싶을 때 추천하는 메뉴예요. 통들깨의 톡톡 씹히는 식감과 매콤하면서 부드러운 미나리청양고추페스토의 뒷맛이 특별하지요. 진한 크림소스를 맛볼 수 있어요.

금귤문어세비체

　BASE　NO.07 금귤소금페스토　P032 참조

재료

자숙문어 다리 4개(200g), 금귤 2개, 셀러리 잎 3줄기

금귤소금페스토 드레싱 금귤소금페스토 1과1/2큰술, 올리브유 4큰술, 레몬즙 2/3큰술, 꿀 1큰술, 화이트식초 2작은술, 설탕 1작은술

만드는 법

1. 냄비에 문어가 잠길 정도의 물을 넣고 센 불에서 끓어오르면 자숙문어를 넣어 10초간 데친 후 체에 밭쳐 물기를 뺀다.
2. 데친 문어다리는 모양대로 0.5cm 길이로 썰고 금귤은 0.3cm 폭으로 슬라이스한다. 셀러리 잎은 굵게 다진다.
3. 넓은 볼에 금귤소금페스토 드레싱 재료를 넣고 설탕이 녹을 때까지 섞어 금귤소금드레싱을 만든다.
4. ③에 문어와 셀러리 잎, 금귤을 넣어 살살 버무리듯 섞어 완성한다.

레몬대파고기볶음

　BASE　NO.22 레몬소금페스토　P047 참조

재료

돼지고기 불고기감 뒷다리살 300g, 대파 2대(200g), 마늘 5쪽(10g), 레몬 1/4개, 올리브유 2큰술, 참기름 1큰술

밑간 청주 2큰술, 레몬소금페스토 1큰술, 다진 마늘 1/2큰술, 후춧가루 약간

만드는 법

1. 돼지고기에 밑간 재료를 넣고 버무려 10분간 재운다.
2. 대파는 반 갈라 5cm길이로 썰고 마늘은 편썬다.
3. 팬에 올리브유를 두르고 편썬 마늘을 넣어 중불에서 노릇하게 볶는다.
4. ③에 재운 돼지고기를 넣고 고기가 익을 때까지 볶는다.
5. ④에 대파를 넣고 센 불에서 볶은 후 참기름과 레몬소금페스토로 간을 맞춘다.
6. 접시에 담고 레몬을 곁들여낸다. 먹기 직전 레몬즙을 뿌려 먹는다.

TIP

드레싱에 달콤한 과일 더하기

금귤소금페스토드레싱에 설탕의 양을 줄이고 사과, 배, 파인애플 등을 다져 넣어도 맛이 좋아요. 과일의 향과 맛이 감돌아요.

TIP

레몬소금페스토에 돼지고기 재우기

레몬소금페스토에 고기를 재우면 육질에 간이 배어 적은 양의 소금으로도 요리를 만들 수 있어요.

유자감베리오일파스타

 BASE NO.21 유자소금페스토 P046 참조

재료

스파게티니 2줌(140g), 새우 14마리(400g), 방울토마토 6개(60g), 마늘 12개(35g), 올리브 4개, 올리브유 6큰술, 그라노파다노치즈 4큰술(20g), 유자소금페스토·화이트와인·엑스트라버진 올리브유 2큰술씩, 케이퍼 2작은술, 굵게 다진 페퍼론치노 1작은술, 새우가루 2/3작은술, 후춧가루 약간

채수 3컵 양파 1/2개, 대파 1/2대, 당근 1/6개, 통후추 4알, 월계수잎 1장, 다시마 5×5cm 1장, 물 4컵

파스타 삶기 소금 1큰술, 물 1과1/2리터

만드는 법

1. 채수용 채소는 0.3cm 두께로 썬다. 냄비에 채수 재료를 넣고 끓여 5분 후 다시마는 건지고 중약불로 15분 더 끓인다.
2. 냄비에 파스타 삶는 물을 넣고 끓어오르면 스파게티니 면을 넣고 포장지에 적힌 시간보다 3분 정도 덜 삶는다.
3. 방울토마토와 올리브는 반 자르고 마늘은 편썬다.
4. 팬에 올리브유 6큰술과 편썬 마늘을 넣고 중약불에서 노릇하게 볶아 마늘만 빼서 따로 둔다.
5. ④에 새우를 넣고 볶다가 화이트와인을 넣어 볶는다.
6. ⑤에 채수 3컵, 올리브, 케이퍼, 페퍼론치노, 새우가루를 넣고 끓인다. 국물이 1/2로 졸면 센 불로 높여 삶은 면과 유자소금페스토, ④의 마늘을 넣고 국물이 졸아들 때까지 끓인다.
7. ⑥에 준비한 방울토마토를 넣고 엑스트라버진 올리브유에 버무려 접시에 담고 그라노파다노치즈를 뿌린다.

TIP

면을 넣을 때 유자소금페스토 넣기
국물이 반으로 졸았들 때까지 기다렸다가 면과 유자소금페스토를 넣으세요. 맛있는 감베리오일파스타를 만드는 방법입니다.

통들깨크림딸리아뗄레

 BASE NO.16 미나리청양고추페스토 P041 참조

재료

딸리아뗄레 6개(140g), 브로콜리 1/5개, 새송이버섯 1개, 베이컨 2줄, 마늘 2쪽, 다진 양파 4큰술, 올리브유 2큰술씩, 후춧가루·그라노파다노치즈 약간씩

브로콜리 데치기 & 면 삶기 소금 1큰술, 물 1과1/2리터

소스 통들깨 4큰술, 미나리청양고추페스토 2큰술, 표고버섯가루·소금 1/2작은술씩, 크림 4컵

만드는 법

1. 브로콜리는 작은 송이로 자르고 새송이버섯은 먹기 좋은 크기로 썬다. 베이컨은 0.5cm 폭으로 썰고 마늘은 칼등으로 으깨 굵게 다진다.
2. 소금 1큰술을 넣은 끓는 물에 브로콜리를 넣고 20초간 데쳐 찬물에 헹군다. 바로 딸리아뗄레를 포장지에 적힌 시간보다 2분 정도 덜 삶아 체에 밭쳐 물기를 뺀다.
3. 팬에 올리브유와 으깬 마늘을 넣고 볶아 향을 낸 후 다진 양파, 새송이버섯, 베이컨을 넣어 소금과 후춧가루를 뿌려가며 노릇하게 볶는다.
4. ③의 팬에 미나리청양고추페스토와 크림, 통들깨, 표고버섯가루, 소금을 넣고 주위에 보글보글 포가 올라오면 딸리아뗄레 면을 넣고 끓여 완성한다.
5. 접시에 파스타를 담고 그라나파다노치즈를 뿌려낸다.

TIP

크림에 페스토 향 내기
크림에 미리 미나리청양고추페스토를 섞어 두었다가 파스타에 넣으세요. 크림에 향이 은은하게 배어요.

081

구운 채소와 목살스테이크 ───────── by 깻잎액젓페스토

구운 돼지고기는 보통 쌈장에 찍어 먹게 되죠? 오늘은 깻잎액젓페스토에 찍어 드세요. 소스만 바꿔도 색다른 맛과 분위기가 나지요. 여러 가지 구운 채소를 곁들여내면 근사한 레스토랑이 부럽지 않습니다.

BASE
NO.17 깻잎액젓페스토 P042 참조

재료

구이용 돼지고기 목살 300g, 양파 1/4개(50g), 새송이버섯 1/2개(50g), 아스파라거스 2개(40g), 방울토마토 2개(20g), 마늘 2쪽

밑간 양념 올리브유 2큰술, 소금 1/4작은술, 후춧가루 약간

소스 깻잎액젓페스토 2큰술, 다진 아몬드·간장·발사믹식초·매실청·올리브유 1큰술씩, 다진 마늘 1작은술

만드는 법

1. 돼지고기 목살은 키친타월로 핏물을 제거해 밑간 양념에 버무린다.
2. 양파와 새송이버섯은 1.5cm 두께로 썰고 아스파라거스는 밑동 부분을 2cm 자르고 필러로 두꺼운 껍질 부분을 벗긴다.
3. 마늘은 반으로 잘라 200℃로 10분 예열한 오븐에서 10분간 노릇하게 구워낸다.
4. 볼에 소스 재료를 넣고 고루 섞는다.
5. 중불로 달군 팬에 ①의 목살을 넣고 앞뒤로 굽는다.
6. 같은 팬에서 양파와 새송이버섯, 아스파라거스, 방울토마토를 넣어 각각 앞뒤로 노릇하게 구워낸다.
7. 접시에 구운 목살과, 양파, 새송이버섯, 방울토마토 그리고 오븐에 구운 마늘을 올리고 소스를 뿌리거나 곁들인다.

TIP

소스용 마늘은 즉석에서 다져 넣기

소스에 들어가는 마늘은 냉장고 속 다진 마늘보다는 통마늘을 즉석에서 직접 다져 사용하세요. 미리 다져 놓은 마늘은 쓴맛이 나고 향이 덜해요.

올리브마스카포네 ──────────── by 쑥갓호두페스토

부드러운 식감의 마스카포네치즈는 다소 밋밋하게 느껴지기 쉽죠. 쑥갓호두 페스토로 치즈의 맛을 살려보세요. 마스카포네치즈와 쑥갓호두페스토, 올리브 세 가지만 섞어 버무려도 맛이 훌륭합니다. 간단한 아침식사로도 좋아요.

by 쑥갓호두페스토

현미크런치를 올린 연근카나페

평소 조림으로 즐겨 먹던 연근으로 카나페를 만들었습니다. 구워낸 연근 위에 쑥갓호두페스토를 올려내 아삭아삭한 식감을 그대로 느낄 수 있어요. 연근은 꼭 식초를 넣은 끓는 물에 데쳤다가 사용해야 아린 맛이 사라져요.

옥수수수프

by 옥수수페이스트

옥수수페이스트, 크림, 우유를 넣어 만든 수프예요. 진한 고소함이 입맛을 당기지요. 밀가루 대신 감자로 농도를 맞추고, 우유와 생크림으로 부드러움을 더했습니다. 토핑으로 삶은 옥수수 알갱이를 올려 식감도 살렸어요.

by 취나물캐슈너트페스토

풍기꽃송이치즈

여러 가지 버섯을 볶아 취나물캐슈너트페스토에 버무려 그라노파다노치즈를 듬뿍 뿌린 메뉴예요. 수분이 없어질 때까지 오래 볶은 버섯의 향과 쫄깃한 식감이 매력적이죠. 밥반찬으로도 먹어도 좋고 김밥 속재료로 넣어 색다르게 즐겨도 좋아요.

올리브마스카포네

 BASE　NO.13 쑥갓호두페스토　P038 참조

재료

빵 4조각, 올리브 1/2컵(100g), 마스카포네치즈 1팩(250g), 쑥갓호두페스토 1큰술, 꿀 1/2큰술

만드는 법

1. 올리브는 체에 밭쳐 물기를 최대한 뺀 후 키친타월에 감싸 수분을 제거하고 반으로 자른다.
2. 볼에 마스카포네치즈, 쑥갓호두페스토, ①의 올리브를 넣어 섞는다.
3. 기름을 두르지 않은 팬에 빵을 올려 앞뒤로 노릇하게 굽는다.
4. 구운 빵 위에 ②를 올리고 꿀을 뿌려낸다.

TIP 리코타치즈로 대체 가능
마스카포네치즈 대신 리코타치즈를 사용해도 좋아요. 페스토의 양을 늘리면 진한 쑥갓 향을 느낄 수 있어요.

현미크런치를 올린 연근카나페

 BASE　NO.13 쑥갓호두페스토　P038 참조

재료

연근 10cm,(200g), 현미크런치 · 그라노파다노치즈 3큰술씩, 쑥갓호두페스토 · 올리브유 2큰술씩
연근 데치기 식초 1작은술, 물 2와1/2컵

만드는 법

1. 연근은 0.5cm 두께로 너무 두껍지 않게 썬다.
2. 냄비에 식초 푼 물을 붓고 끓어오르면 연근을 넣어 1분간 데쳤다가 찬물에 헹구어 체에 밭친다.
3. 약하게 달군 팬에 올리브유를 두르고 데친 연근을 올려 앞뒤로 노릇하게 굽는다.
4. 접시에 구운 연근을 올리고 쑥갓호두페스토, 현미크런치, 그라노파다노치즈를 뿌려 완성한다.

TIP 짤주머니 활용하기
비주얼에 신경쓰고 싶다면 구운 연근 위에 페스토를 올릴 때 짤주머니를 사용하세요. 원하는 모양대로 깔끔하게 장식할 수 있어요.

옥수수수프

BASE　NO.18 옥수수페이스트　P043 참조

재료

감자 1/2개(100g), 양파 1/4개(50g), 삶은 옥수수 알갱이 1큰술(15g), 버터 2큰술, 올리고당 1큰술, 소금 1/2작은술, 후춧가루·파슬리 약간씩, 우유 3컵, 옥수수페이스트·생크림 1컵씩

만드는 법

1. 감자와 양파는 껍질을 벗겨 0.3cm 두께로 채썬다.
2. 중약불로 달군 팬에 버터를 넣고 녹인 후 채썬 감자와 양파를 넣어 양파가 숨이 죽을 때까지 볶는다.
3. ②에 우유를 붓고 감자가 익을 때까지 끓이다가 한 김 식혀 믹서에 넣고 곱게 간다.
4. 냄비에 ③과 옥수수페이스트를 넣고 생크림, 소금, 후춧가루, 올리고당을 넣어 끓인다.
5. 그릇에 담고 삶은 옥수수 알갱이, 파슬리를 약간 뿌려낸다.

TIP 옥수수 알갱이로 식감 내기
씹는 맛을 좋아한다면 옥수수페이스트의 양을 줄이고 옥수수 알갱이의 양을 늘리세요. 찹쌀 옹심이를 넣고 끓이면 한끼 식사로도 거뜬해요.

풍기꽃송이치즈

BASE　NO.08 취나물캐슈너트페스토　P034 참조

재료

맛타리버섯 1팩(200g), 만가닥버섯 1팩(150g), 베이컨 2줄, 마늘 2쪽, 취나물캐슈너트페스토·그라노파다노치즈 3큰술씩, 올리브유 1과1/2큰술, 후춧가루 약간

만드는 법

1. 맛타리버섯과 만가닥버섯은 밑동을 자르고 크게 찢는다.
2. 베이컨은 1cm 폭으로 썰고 마늘은 0.3cm 두께로 편썬다.
3. 달군 팬에 올리브유를 둘러 편썬 마늘을 넣고 노릇하게 볶은 후 준비한 버섯과 베이컨을 넣어 노릇하게 볶는다.
4. ③의 버섯과 베이컨이 노릇해지면 불을 끄고 취나물캐슈너트페스토를 섞는다.
5. 접시에 ④를 담고 그라노파다노치즈와 후춧가루를 뿌려 완성한다.

TIP 버섯은 수분이 없어질 때까지 볶기
버섯을 살짝 볶으면 식감은 부드럽지만 완성 시 수분이 나와 맛이 떨어지고 페스토도 분리되기 쉽지요. 수분이 없어질 때까지 바싹 볶아주세요.

후무스오픈샌드위치

빵에 후무스를 바르고 삶은 달걀, 아보카도, 루꼴라, 선드라이 토마토 등 다양한 재료를 올렸습니다. 후무스의 고소한 맛이 굳이 다른 소스를 넣지 않아도 맛이 좋지요. 휴일 브런치로 즐겨보세요.

by 후무스

by 취나물캐슈너트페스토

소시지돌돌이핫도그

식빵에 취나물캐슈너트페스토만 발라도 집에서 간단하게 맛있는 핫도그를 만들 수 있어요. 많은 기름에 튀기지 않고 구워내듯 만들어 맛은 담백하고 칼로리는 낮지요. 아이들 간식이나 도시락으로 즐기기 좋아요.

091

크림치즈올리브구움찰떡

by 블랙올리브엔쵸비페스토

찹쌀가루로 만든 쫄깃쫄깃한 구움찰떡이에요. 팥소 대신 크림치즈와 블랙올리브엔쵸비페스토를 넣어 단짠의 맛을 느낄 수 있지요. 구움찰떡은 만들어서 식힌 후 냉동보관했다가 아침에 식사대용으로 먹어도 든든해요.

by 미나리청양고추페스토

청양고추바삭감자고로케

찐 감자에 볶은 채소와 미나리청양고추페스토를 넣고 만든 감자고로케예요. 속에 모짜렐라치즈를 넣어 매콤하면서도 고소한 맛이 일품이지요. 아이들 간식용으로 내고 싶다면 맵지 않은 페스토로 바꿔 넣어주세요. 감자의 수분 양에 따라 우유나 페스토의 양을 조절해요.

후무스오픈샌드위치

 BASE　　NO.06 후무스　P030 참조

재료

빵 4조각, 삶은 달걀 2개, 아보카도 1개, 루꼴라 1줌(20g), 선드라이 토마토 15개, 후무스 4큰술, 레드크러쉬드페퍼·다진 파슬리 1/2작은술씩, 그라노파다노치즈 약간

만드는 법

1. 달걀은 모양대로 0.5cm 두께로 썰고 아보카도는 안의 씨를 빼낸 후 수저를 이용하여 껍질과 과육을 분리해 0.5cm 두께로 썬다.
2. 루꼴라는 빵 위에 올라갈 수 있게 적당한 크기로 자른다.
3. 빵에 후무스를 도톰하게 바른다.
4. ③의 절반에 슬라이스한 달걀과 아보카도를 올리고 레드크러쉬드페퍼와 다진 파슬리를 뿌린다.
5. 남은 후무스를 바른 빵 위에 루꼴라와 선드라이 토마토를 넉넉히 올리고 그라노파다노치즈를 뿌린다.
6. 접시 위에 ④와 ⑤를 번갈아가며 올려낸다.

TIP 후무스 본연의 맛 느끼기
샌드위치 위에 다양한 식재료를 올려도 맛있지만 후무스만 올리고 소금, 후춧가루, 올리브유를 뿌려도 맛있지요. 후무스 본연의 맛을 느낄 수 있습니다.

소시지돌돌이핫도그

 BASE　NO.08 취나물캐슈너트페스토　P034 참조

재료

식빵 2장, 달걀 1개, 소시지 2개, 체다치즈 2장, 올리브유 4와1/2큰술, 취나물캐슈너트페스토 2큰술, 빵가루 1/2컵

만드는 법

1. 식빵은 밀대로 밀고 달걀은 볼에 풀어 달걀물을 준비한다.
2. 소시지는 팬에 올리브유 1/2큰술을 두르고 노릇하게 굽는다.
3. ①의 식빵 위에 취나물캐슈너트페스토를 바르고 위에 소시지와 체다치즈를 올려 돌돌 만다.
4. ③의 소시지 말은 빵을 달걀물→빵가루 순으로 묻힌다.
5. 중약불로 달군 팬에 올리브유 4큰술을 둘러 ④를 튀기듯 노릇하게 구워 완성한다.

TIP 식빵은 밀대로 밀어 준비하기
식빵은 밀대로 밀어 면을 매끈하게 만든 뒤에 페스토를 발라요. 밀대 과정 없이 페스토를 바르고 소시지를 돌돌 말면 소시지가 밀착되지 않아 구울 때 분리되기 쉬워요.

크림치즈올리브구움찰떡

 BASE NO.20 블랙올리브엔쵸비페스토 P045 참조

재료

반죽 습식 찹쌀가루 2컵(250g), 우유 1/3컵, 설탕 2큰술, 소금 · 베이킹파우더 1/3작은술씩, 베이킹소다 1/4작은술
속재료 크림치즈 4큰술, 블랙올리브엔쵸비페스토 2큰술
토핑 블랙올리브 4개

만드는 법

1. 오븐을 180℃에서 10분간 예열한다
2. 습식 찹쌀가루에 베이킹소다, 베이킹파우더, 소금을 넣고 체에 내린다.
3. 블랙올리브는 반으로 자르고, 타르트 틀에 기름칠을 해둔다.
4. ②의 체친 가루에 우유와 설탕을 골고루 섞어 반죽을 만든다.
5. 타르트 틀에 ④의 반죽을 반 정도 채우고 가운데에 크림치즈와 블랙올리브엔쵸비페스토를 조금씩 올린다.
6. 다시 반죽을 타르틀 틀의 90% 정도까지 채우고 그 위에 블랙올리브를 올린다.
7. 예열한 오븐에서 20분 정도 색이 날 때까지 구워 완성한다.

TIP

반죽에 말린 과일 응용하기
구움찰떡에 말린 과일을 첨가해도 좋아요. 말린 무화과나 크랜베리, 블루베리 등 다양한 과일을 넣어 식감을 즐기세요. 새콤달콤한 맛도 더해요.

청양고추바삭감자고로케

 BASE NO.16 미나리청양고추페스토 P041 참조

재료

감자 3개(600g), 당근 1/6개(50g), 양파 1/4개(50g), 달걀 1개, 올리브유 1작은술, 빵가루 1컵(240g), 밀가루 1/2컵(60g), 모짜렐라치즈 1/2컵(50g), 식용유 3컵
양념 미나리청양고추페스토 2큰술, 우유 1큰술, 마요네즈 1/2큰술, 소금 1/3작은술, 후춧가루 약간
소스 마요네즈 3큰술, 홀그레인머스터드 · 꿀 1작은술씩

만드는 법

1. 감자는 김 오른 찜기에 올려 15분 정도 푹 쪄 껍질을 벗겨 체에 내려 으깬다.
2. 당근과 양파는 곱게 다져 달군 팬에 올리브유 1작은술을 둘러 노릇하게 볶는다.
3. 볼에 으깬 감자와 볶은 채소, 양념 재료를 모두 섞어 모양을 잡은 후 안에 모짜렐라치즈를 넣는다.
4. 달걀을 풀어 달걀물을 만들고 ③을 밀가루→달걀물→빵가루 순으로 묻힌다.
5. 170℃로 달군 식용유에 ④를 넣고 노릇해지도록 튀긴다.
6. 볼에 소스 재료를 넣고 모두 섞어 소스를 만들어 바삭감자고로케와 곁들인다.

TIP

감자는 뜨거울 때 체에 내리기
찐 감자는 한 김 식혀 뜨거울 때 굵은 체에 내리거나 으깨야 부드럽게 으깨져요. 씹는 식감을 즐기고 싶다면 거칠게 으깨 미나리청양고추페스토를 섞으세요.

SAUCE & COOKING

집에 남아 있는 채소로 소스를 만드세요. 소스는 소금물이라는 의미의 라틴어 'Salsus'에서 유래한 말로 실용적인 채소 저장방법 중 하나입니다. 한 번 만들어두면 다양한 요리에 활용이 가능해 불고기, 나물무침, 샌드위치, 김밥, 덮밥, 찌개, 탕 등 한식요리에 두루두루 사용합니다.

종류

국물 or 비빔 or 볶음

소스는 총 3가지 타입으로 나눌 수 있습니다. 간장, 된장 등의 장류에 채소를 넣어 단맛과 깊은 맛을 준 국물 베이스, 고추장이나 고춧가루에 새콤달콤한 양념을 더하고 채소와 과일의 단맛을 낸 비빔 베이스, 국물 베이스를 졸여낸 볶음 베이스가 있습니다.

재료

장 + 채소 + 과일

소스의 핵심재료는 장, 채소, 과일입니다. 우선 짠맛과 감칠맛, 매운맛을 내는 간장, 된장, 고추장, 고춧가루 등을 고르고 대파, 양파, 당근, 무, 마늘 등 단맛과 향을 내는 채소를 더하지요. 여기에 사과, 배, 레몬 등의 과일을 넣어 깊은 단맛과 신맛을 추가합니다.

만들기

끓이기/볶기/섞기/찌기

간단하게 섞기부터 팔팔 끓이기까지 용도에 따라 그 방법이 달라집니다. 무침이나 드레싱 용도라면 생 재료의 맛이 그대로 느껴지도록 섞어 사용하고, 국물 베이스처럼 감칠맛을 내는 용도라면 재료의 단맛이 우러나도록 팔팔 끓여 만듭니다.

끓이기

걸쭉한 타입의 볶음용 소스는 양파, 마늘 등의 향채소를 볶은 후 주재료를 넣고 끓여 완성합니다. 끓이는 과정을 통해 재료 본연의 맛이 우러남은 물론 다른 재료들과의 맛의 조화도 이루어지지요. 끓이는 시간이 길어지면 재료의 맛이 농축되고 수분은 줄어들어 보관기간이 늘어납니다

NO. 23

구운 토마토대파소스

오븐에 구운 토마토와 대파를 곱게 갈아 양파, 오레가노, 바질 등을 넣고 만든 토마토소스입니다. 피자와 파스타 등 토마토소스가 들어가는 메뉴에 활용 가능해요. 구운 토마토와 대파의 단맛이 어우러져 감칠맛이 돌지요.

냉장보관 5~7일   **냉동보관** 2개월
활용요리 함바그&스튜& 카레&토마토파스타&피자 등의 소스

재료

완숙 토마토 6개(1.2kg), 대파 흰대(15cm) 3대, 양파 1개(200g), 마늘 3쪽, 월계수 잎 2장, 올리브유 2큰술, 설탕 2/3큰술, 소금 1작은술, 바질가루·오레가노가루 1/2작은술씩, 후춧가루 약간, 채수 2/3컵

만드는 법

1. 토마토는 십자모양의 칼집을 내어 대파와 함께 170℃로 10분간 예열한 오븐에서 25분간 구워낸다.
2. 구운 토마토는 껍질을 벗기고 대파는 송송 썰어 믹서에 넣고 갈아준다.
3. 양파는 사방 0.5cm로 굵게 다지고 마늘은 칼등으로 으깬다.
4. 달군 팬에 올리브유를 둘러 으깬 마늘과 다진 양파를 넣고 노릇하게 볶는다.
5. ④에 ②와 남은 재료를 모두 넣고 끓어오르면 중약불에서 10~15분 끓인다.
6. 소독한 용기에 담아 냉장보관한다.

오븐에 굽는 토마토는 완숙 토마토를 사용합니다. 설익은 토마토는 신맛이 강하므로 양파의 양을 늘려 단맛을 추가하세요.

끓이기

채소 베이스의 액체타입 소스는 탁하지 않게 국물 맛을 낼 수 있습니다. 너무 센 불에서 팔팔 끓이면 채소의 맛과 향이 다 우러나오지 못하니 시간이 걸리더라도 약불에서 은은하게 끓여주세요. 깊고 맛있는 국물형 소스가 완성됩니다.

NO. 24 　　　　　　　　　　　　　　　　**채소하나로끝간장소스**

간장에 여러 가지 채소를 넣고 끓인 소스입니다. 짠맛과 단맛이 공존해 다양한 요리에 활용하기 좋지요. 찜이나 장조림에는 물과 소스를 3:1 비율로 넣고, 볶음요리에는 그대로 사용합니다. 요리하고 남은 자투리 채소와 과일로 만들어도 충분해요.

냉장보관 2개월
활용요리 찜닭&돼지갈비찜&멸치볶음&장조림 등의 양념, 간장떡볶이 소스 등

 Recipe

재료

사과 1개(200g), 레몬 1/2개, 다시마 5×5cm 3장, 간장 5컵, 설탕 3컵, 맛술 2/3컵, 청주 1/2컵

채수 1과1/3컵 양파 1개(200g), 대파 1대(100g), 당근 1/4개(50g), 마늘 3쪽, 월계수 잎 1장, 통후추 1/3큰술, 청주 1/4컵, 물 3컵

만드는 법

1 양파, 당근, 마늘은 0.3cm 두께로 썰고 대파는 반 갈라 5cm 길이로 썬다.
2 냄비에 채수 재료를 넣고 끓어오르면 중약불에서 반으로 줄 때까지 끓인다.
3 사과와 레몬은 깨끗이 씻어 0.3cm 두께로 썬다.
4 ②에 간장, 설탕, 맛술, 청주를 넣어 설탕이 녹고 알코올 냄새가 날아갈 때까지 부르르 끓여 불을 끈다.
5 ④에 사과, 레몬, 자른 다시마를 넣고 하룻밤 두었다가 체에 걸러 소독한 병에 담아 냉장보관한다.

 Point

끓이는 소스에 과일을 넣을 때는 반드시 불을 끈 뒤 넣습니다. 남아 있는 잔열에 과일의 맛이 우러나와야 깔끔한 맛의 간장소스를 만들 수 있어요.

볶기

간장, 된장, 고추장 등의 장을 베이스로 볶음용 소스를 만들 때는 너무 짜지지 않도록 신경써야 합니다. 버섯가루, 새우가루 같은 천연가루를 넣는 것도 장의 짠맛을 덜어내는 방법이지요. 양파, 마늘 등의 향신채 채소를 넣고 볶으면 맛이 훨씬 풍부해집니다.

NO. 25

파된장소스

송송 썬 대파를 팬에 볶아 된장과 새우가루, 버섯가루 등을 넣어 만든 소스입니다. 된장의 깊은 맛과 볶은 대파의 달큰한 향이 느껴져요. 국물요리나 나물무침에 넣으면 감칠맛이 돌지요. 국물요리에는 소스 1큰술에 육수 또는 채수 1과1/2컵 비율로 넣습니다.

냉장보관 1개월
활용요리 해물탕&꽃게탕&나물무침 양념, 샐러드드레싱 등

재료

대파 3대(200g), 다진 마늘 1/2큰술, 된장·물 1/2컵씩, 청주 1/2큰술, 새우가루·버섯가루·고춧가루·포도씨유 1작은술씩

만드는 법

1 대파는 얇게 송송 썬다.
2 달군 팬에 포도씨유 1작은술을 둘러 송송 썬 대파와 다진 마늘을 넣고 향이 날 때까지 볶다가 물 1/2컵을 붓고 잠시 뚜껑을 닫아 익힌다.
3 ②에 청주를 넣고 볶는다.
4 된장, 새우가루, 버섯가루, 고춧가루를 넣고 섞은 뒤 약불에서 수분이 모두 없어질 때까지 볶는다.
5 소독한 용기에 담아 냉장보관한다.

Point

모든 재료를 다 넣고 섞은 뒤에는 최대한 수분이 없어질 때까지 볶습니다. 수분기가 없을수록 보관기간이 길어져요.

섞기

소스를 만드는 가장 간단한 방법입니다. 고추장, 된장처럼 수분이 적은 재료는 물이나 식초, 간장, 맛술 등의 재료와 섞어 부드럽게 만든 뒤 다른 재료와 섞습니다. 수저보다는 작은 거품기를 사용해야 고루 잘 섞여요.

NO. 26

고추장아몬드마요소스

고추장, 청양고추, 마요네즈, 아몬드로 만들어 매운맛과 고소함을 동시에 맛볼 수 있습니다. 중간중간 씹히는 아몬드의 식감도 좋지요. 아몬드 대신 아몬드가루를 넣으면 고소함이 배가되어요.

냉장보관 1개월
활용요리 김밥 속재료, 샌드위치 스프레드, 튀김 디핑소스, 채소무침&진미채볶음 양념 등

재료

아몬드 5큰술(75g), 청양고추 1/2개, 마요네즈 2/3컵, 고추장 3큰술, 꿀 2큰술, 간장·화이트식초·다진 마늘 2작은술씩

만드는 법

1 아몬드는 기름을 두르지 않은 팬에 볶아 식힌 후 굵게 다진다.
2 청양고추는 다진 아몬드보다 작게 곱게 다진다.
3 볼에 모든 재료를 넣고 잘 섞는다.
4 소독한 용기에 담아 냉장보관한다.

액체 종류와 마요네즈를 섞으면 겉돌기 쉬워요. 전체적으로 섞이도록 작은 거품기나 수저를 이용해 신경써서 섞어주세요.

찌기

채소를 쪄서 소스를 만들면 맛이 부드러워지고 보관기간도 늘어납니다. 이때 물이 너무 많으면 끓는 동안 채소에 물이 직접적으로 닿으면서 채소에 수분 함유량이 높아져 보관기간이 줄어들 수 있어요. 김이 오른 찜기에 올려 짧은 시간 안에 수증기에 쪄내는 게 포인트입니다.

NO. 27

당근두유소스

당근의 주황빛이 연하게 감도는 소스예요. 당근과 두유로 만들어 맛도 고소하면서 깔끔하지요. 디핑소스나 무침에 활용하면 담백하게 재료의 맛을 즐길 수 있습니다. 샌드위치나 김밥의 토핑 재료를 버무릴 때도 넣기 좋아요.

냉장보관 7일
활용요리 김밥 속재료, 샌드위치 스프레드, 나물무침 양념, 시저샐러드 드레싱, 튀김 디핑소스 등

재료

당근 1/4개(50g)

두유 소스 무가당 두유 1컵, 올리브유 2/3컵, 식초 1과1/2큰술, 설탕 2작은술, 올리고당 1작은술, 소금 1/2작은술

만드는 법

1. 당근은 0.3cm 두께로 썰어 김 오른 찜기에 올려 10분 정도 쪄내 식힌다.
2. 믹서에 찐 당근과 두유 소스 재료를 넣고 갈아 완성한다. 이때 올리브유는 3번 정도 나눠 넣는다.
3. 소독한 용기에 담아 냉장보관한다.

당근을 쪄낸 뒤에는 꼭 식혀서 소스를 만드세요. 뜨거운 상태에서 다른 재료와 섞으면 완성된 소스가 금세 상할 수 있어요.

끓이기

NO. 28 **당근사과비빔소스**

각종 무침요리나 비빔국수 등에 필살기처럼 사용하기 좋은 소스입니다. 당근과 사과를 갈아 잼처럼 만들어 다른 양념과 섞지요. 비빔소스는 숙성해야 맛있으므로 만든 날부터 이틀 후부터 사용하세요.

냉장보관	1개월
활용요리	골뱅이무침&비빔국수&대파무침& 영양부추무침 등의 양념

재료

당근 1/2개(100g), 사과 1개(200g), 올리고당 2/3컵, 물 1/3컵

양념 고추장 1과1/4컵, 식초 2/3컵, 매실청·참기름 5큰술씩, 레몬즙 4큰술, 간장 3과1/2큰술, 통깨 3큰술, 고춧가루·맛술·다진 마늘 2와1/2큰술씩

만드는 법

1. 당근과 사과는 0.3cm 두께로 슬라이스해 푸드프로세서에 물 1/3컵을 같이 넣고 곱게 간다.
2. 팬에 ①과 올리고당을 넣고 중약불에서 중간중간 저어가며 잼의 농도로 졸여 완전히 식힌다.
3. ②에 양념 재료를 넣고 골고루 섞어 완성한다.
4. 소독한 용기에 담아 냉장보관한다.

당근과 사과는 수분이 없어질 때까지 졸인 뒤에 다른 양념을 넣어야 오래 즐길 수 있어요. 사과 외에 배나 감 등 단맛 나는 과일도 대체 가능해요.

NO. 29 **무레몬간장소스**

간장에 찍어 먹는 모든 요리에 사용 가능한 소스입니다. 튀김, 두부구이, 채소찜, 부침개 등에 곁들이기 좋아요. 간장에 배, 무, 양파를 갈아 넣고 식초를 추가해 새콤달콤함까지 더했습니다. 사과나 파인애플을 넣어도 됩니다.

냉장보관	1개월
활용요리	부침개&무침용 간장, 샤브샤브 디핑소스, 튀김 소스 등

재료 Recipe

레몬 1/2개, 다시마 5×5cm 2장, 다진 마늘 3큰술, 간장 3컵, 사과식초·갈은 무 1과1/2컵씩, 설탕 1컵, 갈은 배·갈은 양파 1/2컵씩, 물 1컵

만드는 법

1. 레몬은 약간의 굵은소금에 문질러 식초물에 5분 정도 담갔다가 세척한 후 0.3cm 두께로 썬다.
2. 냄비에 식초와 레몬, 다시마를 제외한 모든 재료를 넣고 저으면서 끓인다. 끓어오르면 약불로 줄여 10분간 끓인다.
3. 마지막에 식초, 레몬, 다시마를 넣고 불을 끈채로 반나절 동안 둔다.
4. ③의 레몬과 다시마를 빼고 소독한 병에 담아 냉장보관한다.

Point

식초 대신 레몬즙의 양을 늘리면 더 상큼하고 깔끔한 신맛을 낼 수 있어요.

끓이기

NO. 30　　**청양고추다짐장**

곱게 다진 청양고추에 간장, 멸치가루, 들기름 등을 넣어 만든 소스로 입에 감기는 매운 감칠맛이 일품입니다. 국물요리에 고명처럼 올리면 국물과 어우러져 맛을 내지요. 찜이나 볶음요리에 소스로 활용하세요.

냉장보관	14일
활용요리	칼국수 고명, 깻잎찜&멸치볶음& 메추리알장조림 등의 양념

재료

청양고추·풋고추 10개씩, 멸치가루·들기름 2큰술씩, 국간장·다진 마늘 1큰술씩, 참치액젓 1/2큰술, 물 1컵

만드는 법

1. 청양고추와 풋고추는 꼭지를 따고 반으로 갈라 송송 썬다.
2. 냄비에 다진 청양고추와 풋고추, 다진 마늘, 들기름을 넣고 볶다가 물, 국간장, 참치액젓, 멸치가루를 넣고 자작하게 끓인다.
3. 국물이 거의 없어질 때까지 끓여 완성한다.
4. 소독한 용기에 담아 냉장보관한다.

풋고추 없이 청양고추로만 만들면 매운맛이 훨씬 강해집니다. 다른 해산물가루를 넣어 맛을 내어도 좋아요.

NO. 31 채소하나로끝쯔유소스

한 번 만들어두면 여러 요리에 다양하게 활용 가능한 소스예요. 구운 채소와 가츠오부시를 우린 쯔유로 깊은 간장 맛의 일본요리나 간장이 들어가는 요리에 잘 어울립니다. 소바는 쯔유소스와 물의 비율을 1:2로 잡아 사용하세요.

냉장보관	1개월
활용요리	우동& 메밀소바 국물, 돈부리&장조림&떡볶이 등의 양념

Recipe

재료
양파 1개(200g), 대파 1대(100g), 다시마 5×5cm 5장, 가츠오부시 5컵(50g), 간장·맛술·물 2컵씩, 국물용 멸치 1컵(30g), 청주 1컵, 설탕·뜨거운 물 1/2컵씩

만드는 법
1. 양파는 6등분하고, 대파는 반으로 갈라 기름을 두르지 않은 달군 팬에 타듯이 굽는다.
2. 멸치는 내장을 빼고 약하게 달군 팬에 볶아 비린내를 날려준다.
3. 냄비에 ①과 ②를 넣고 다시마와 물 2컵, 맛술, 청주를 넣어 끓어오르면 약불로 줄여 15~20분 끓여 불을 끈다.
4. ③에 가츠오부시를 5분 정도 넣었다가 체에 거르고 뜨거운 물 1/2컵을 체에 한 번 더 붓는다.
5. ④에 간장, 설탕을 넣고 한 번 더 끓인다.
6. 완전히 식혀 소독한 용기에 담아 냉장 보관한다.

Point

가츠오부시를 넣고 너무 오랜 시간 두면 강한 쓴맛과 비린 맛이 날 수 있어요. 5분을 넘지 않도록 체크하세요.

끓이기

NO. 32   **마늘듬뿍고추소스**

매운 양념이 들어가는 어떤 요리와도 잘 어울리는 소스예요. 마늘의 맛있는 향만 남아 있어 깔끔한 매운 요리를 원할 때 활용하기 좋아요. 국물요리에는 물 1컵당 소스 2큰술 비율로 넣어주세요. 볶음요리에는 그냥 사용합니다.

냉장보관	2개월
활용요리	닭볶음탕&닭갈비&매운 국물떡볶이&생선조림&제육볶음 등의 양념

Recipe

재료

1차 양념 다진 마늘 5큰술, 포도씨유 1큰술

2차 양념 간장 3과1/2컵, 고춧가루 2와1/4컵, 설탕 1컵, 올리고당 2/3컵, 다진 마늘 3큰술, 맛술·청주 2큰술씩, 다진 생강 1과1/2큰술, 다시마 5×5cm 3장, 물 1/2컵

만드는 법

1. 냄비에 2차 양념재료 중 간장, 물, 다시마를 넣고 거품이 팔팔 끓어오를 때까지 중불로 끓이다가 불을 끄고 다시마를 건진다.
2. ①에 2차 양념재료 중 설탕, 올리고당, 맛술, 청주를 넣고 설탕이 녹을 때까지 끓여 식힌다.
3. 중약불로 달군 팬에 포도씨유를 둘러 1차 양념의 다진 마늘을 연한 갈색이 될 때까지 볶아준다.
4. ②가 식으면 남은 2차 양념 재료와 ③을 넣고 섞은 뒤 고춧가루가 불어 되직해지도록 둔다.
5. 소독한 용기에 담아 냉장보관한다.

Point

소스에 마늘을 볶아 넣으면 향이 더 살고 보관기간도 늘릴 수 있어요. 번거롭더라도 꼭 볶아 사용하세요.

끓이기

NO. 33 　　토마토케첩

신선한 토마토를 넉넉히 넣고 만들어 시판 토마토케첩에 비해 맛이 훨씬 진합니다. 새콤달콤한 맛으로 강정소스나 떡꼬치 등 아이들 간식에 활용하기 좋지요. 비트즙을 추가해 끓이면 한층 더 진한 색의 케첩을 만들 수 있습니다.

냉장보관	7일	냉동보관	2개월
활용요리	떡꼬치&닭강정&표고버섯강정 소스, 떡볶이 양념, 샌드위치 스프레드, 핫도그 토핑 등		

Recipe

재료
완숙 토마토 6개(1.2kg), 올리고당 6큰술, 레몬즙 1큰술, 소금 1/2작은술
녹말물 감자전분 1큰술, 물 2큰술

만드는 법

1 토마토는 십자모양을 내어 끓는 물에 데쳐 껍질을 벗긴 후 적당한 크기로 썬다.
2 믹서에 토마토를 넣고 곱게 갈고 굵은 체에 내려 토마토 안의 씨를 걸러낸다.
3 냄비에 ②와 올리고당, 레몬즙, 소금을 넣고 중간 불에서 끓어오르면 약불로 줄여 내용물이 1/3로 줄어들 때까지 끓인다.
4 볼에 녹말물을 풀어 ③에 주걱으로 저어가며 넣고 불을 끄고 충분히 식힌다.
5 소독한 용기에 담아 냉장보관한다.

Point

녹말물은 조금씩 넣어가면서 농도를 맞추세요. 집집마다 불세기가 다를 수 있으니 상황에 맞게 넣어요.

볶기

NO. 34　　　가지쌈장소스

다진 가지를 볶아 고추장, 된장이 들어간 양념과 섞은 소스입니다. 부드러운 가지에 장의 감칠맛을 더했지요. 주먹밥처럼 쌈을 싸먹는 요리에 넣어 즐기세요. 해바라기씨나 호박씨를 넣으면 고소함과 식감을 더할 수 있어요.

냉장보관	7일
활용요리	주먹밥 속재료, 쌈밥의 쌈장, 된장찌개 양념, 비빔밥 소스 등

재료

가지 1개(120g), 홍고추 1개, 참기름 1큰술, 포도씨유 1/2큰술, 소금 1/3작은술

양념　고추장·된장 5큰술씩, 올리고당·물 3큰술씩, 다진 파 1과1/2큰술, 다진 마늘 1큰술, 버섯가루 1/2큰술

만드는 법

1. 고추는 굵게 다지고 가지는 사방 1cm로 썰어 소금 1/3작은술에 10분간 절였다가 물기를 짠다.
2. 볼에 양념 재료를 넣고 모두 섞는다.
3. 중불로 달군 팬에 포도씨유, 참기름을 넣고 절인 가지를 노릇하게 볶는다.
4. 중약불로 줄여 ②의 양념을 넣고 끓이다가 다진 고추를 넣고 섞은 후 불을 끈다.
5. 한 김 식으면 소독한 용기에 담아 냉장보관한다.

수분이 많은 채소인 가지는 소금에 10분간 절였다가 물기를 모두 제거한 뒤 볶아 사용하세요. 오랫동안 보관할 수 있는 노하우예요.

NO. 35　　　마늘새콤소스

마늘, 꿀, 식초, 설탕을 넣고 곱게 갈아 만든 새콤한 소스입니다. 초고추장이나 샐러드드레싱 만들 때 활용하기 좋지요. 바로 먹으면 알싸한 마늘 향이 많이 나지만 며칠 숙성시키면 향은 사라지고 부드러운 소스만 남아요.

냉장보관	1개월
활용요리	샐러드드레싱, 나물무침&비빔국수&도라지무침&오이무침 등의 양념

Recipe

재료
마늘 5쪽, 식초 2/3컵, 설탕 3과1/2큰술, 꿀 2큰술

만드는 법
1 믹서에 마늘과 식초, 설탕, 꿀을 넣고 곱게 간다.
2 소독한 용기에 담아 냉장보관한다.
3 2~3일 지나 요리에 넣어 활용한다. 바로 사용해도 되지만 며칠 숙성시키면 더 부드러운 맛을 낸다.

Point

소스에 들어가는 마늘은 가능한 곱게 갈아 넣으세요. 그래야 나중에 요리나 드레싱에 활용할 때 다른 재료와 잘 섞여요.

섞기

볶기

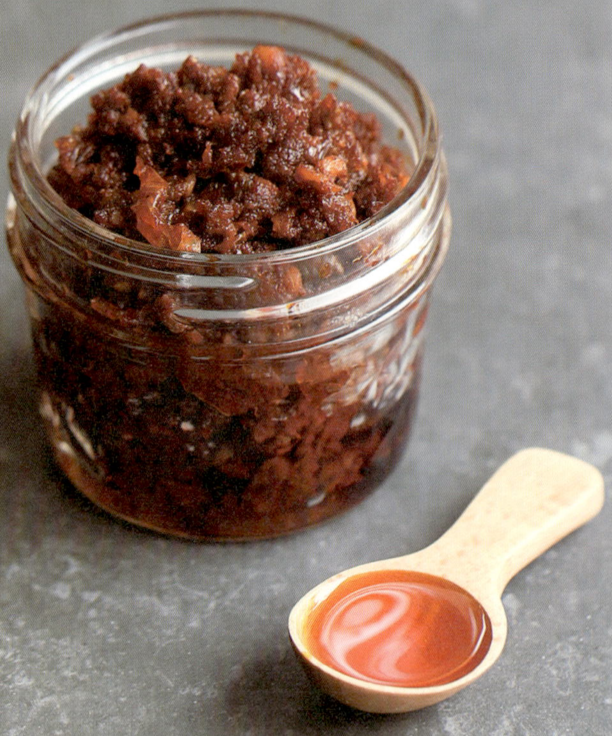

NO. 36 대파마늘고추고기소스

고추기름에 볶은 고기와 다진 마늘, 대파, 고춧가루를 넣어 칼칼하면서도 불맛이 느껴지는 소스예요. 매콤한 국물요리나 덮밥 종류에 넣으면 불맛 나는 요리가 되지요. 국물에는 육수 1컵에 소스 1큰술 비율로 넣어주세요.

냉장보관	1개월
활용요리	순두부찌개&육개장&라면 양념, 덮밥 소스 등

재료

다진 소고기(100g) 1/2컵, 대파 1대(100g), 고추기름·고춧가루(80g) 1컵씩, 다진 마늘 1/2컵씩, 물·간장·참치액젓 2큰술씩, 소금 1큰술, 후춧가루 1/2작은술

만드는 법

1. 다진 소고기는 키친타월로 감싸 핏물을 제거하고 대파는 반 갈라 0.5cm 두께로 송송 썬다.
2. 중약불로 달군 팬에 고추기름과 다진 소고기, 다진 마늘, 송송 썬 대파를 넣고 소고기가 익을 때까지 끓인 후 불을 끄고 한 김 식힌다.
3. ②에 고춧가루, 물, 간장, 참치액젓, 소금, 후춧가루를 넣고 약불에서 1분 정도 볶아 완성한다.
4. 소독한 용기에 담아 냉장보관한다.

고춧가루는 고기가 다 익으면 마지막에 넣고 살짝만 볶으세요. 고춧가루를 넣고 오래 볶으면 고춧가루가 타기 쉬워요.

NO. 37 **대파액젓매실청소스**

고기구이에 곁들이는 대파채무침이나 채소무침에 활용하세요. 참치액젓과 매실청을 넣어 달큰하지요. 재료를 섞기만 하면 완성되어 간단하게 만들 수 있습니다. 참치액젓과 매실청 대신 멸치액젓과 과일청을 매칭해도 좋아요.

냉장보관 1개월
활용요리 파무침&오이무침&황태채무침 양념, 샐러드드레싱, 비빔밥 소스 등

재료 (Recipe)

매실청 9큰술(135ml), 참치액젓·참기름 4큰술씩, 다진 대파·고춧가루·식초 3큰술씩, 맛술 2큰술

만드는 법

1. 볼에 모든 재료를 넣고 섞는다.
2. 소독한 용기에 담아 냉장보관한다.

Point

소스 완성 시 처음에는 묽어 보이지만 조금 지나면 고춧가루가 불어 뻑뻑해져요. 고춧가루의 양을 지켜주세요.

섞기

섞기

NO. 38   **명란쪽파마요소스**

명란의 톡톡 씹히는 맛과 마요네즈의 고소한 맛이 특징입니다. 저염명란과 쪽파, 마요네즈를 넣어 만들어 딥핑소스나 무침요리에 활용하기 좋아요. 참치에 버무려 샌드위치나 김밥 속재료로도 안성맞춤입니다.

냉장보관	14일
활용요리	김밥 속재료, 샌드위치 스프레드, 연근샐러드드레싱, 채소튀김 디핑소스 등

재료   *Recipe*

저염 명란젓 2개(30g), 쪽파 2줄기, 마요네즈 1컵, 설탕 1과1/2작은술, 후춧가루 약간

만드는 법

1. 명란은 가운데에 칼집을 넣어 껍질을 벗긴 뒤 속부분만 발라낸다.
2. 쪽파는 0.2cm 두께로 송송 썬다.
3. 볼에 ①과 송송 썬 쪽파, 마요네즈, 설탕, 후춧가루를 넣고 잘 섞는다.
4. 소독한 용기에 담아 냉장보관한다.

Point

명란은 가운데 칼집을 넣어 펼친 뒤 껍질을 잡고 알만 발라 넣으세요. 부드러운 소스가 만들어져요.

NO. 39

두부시금치 캐슈너트소스

건강한 무침요리에 더없이 좋은 요긴한 소스예요. 두부와 캐슈너트가 만들어내는 고소함으로 마요네즈 대체 소스로 사용하기에 손색없지요. 아몬드, 땅콩 등을 추가해 더 고소하게 즐겨도 좋아요.

냉장보관	3~5일
활용요리	샌드위치&토르티야롤 스프레드, 김밥 속재료, 당근샐러드드레싱 등

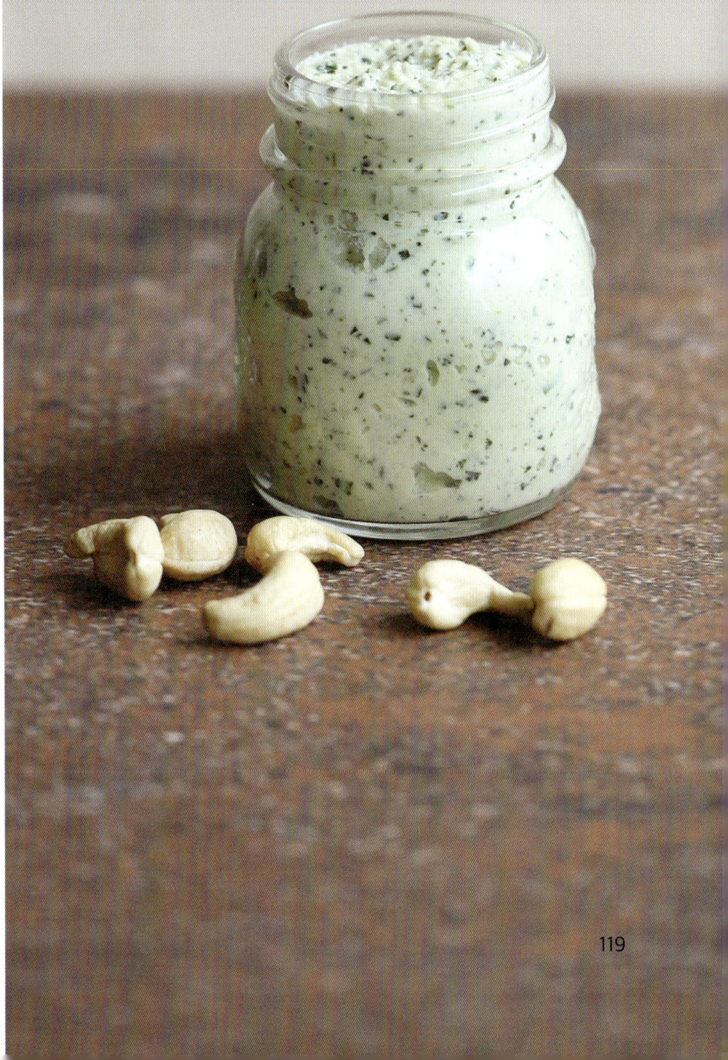

재료

두부 1모(300g), 캐슈너트 1과1/2컵(180g), 데친 시금치 1/2컵(30g), 올리브유 2/3컵, 식초 3큰술, 올리고당 3큰술, 소금 1/2작은술

만드는 법

1. 두부 위에 접시를 올리고 그 위에 무거운 것을 올려 1차 수분을 뺀다. 키친타월로 두부를 감싸 2차 수분을 제거한다.
2. 약하게 달군 팬에 캐슈너트를 넣고 볶는다.
3. 푸드프로세서에 모든 재료를 넣고 간다.
4. 소독한 용기에 담아 냉장보관한다.

두부는 수분을 최대한 제거해 사용해야 소스의 맛이 싱거워지지 않고 오래 보관할 수 있어요.

섞기

섞기

NO. 40　　**생와사비마요소스**

생 와사비와 마요네즈, 꿀을 섞기만 하면 완성되는 초간단 소스입니다. 마요네즈의 고소함과 와사비의 매콤함, 꿀의 달콤함이 생 채소나 마른 오징어 등의 건어물과 잘 어울리지요. 딥핑소스나 무침요리에 활용하세요. 생 와사비의 신선한 매운맛이 입맛을 당겨요.

냉장보관	15일
활용요리	나물무침 양념, 샐러드드레싱, 참치김밥 속재료, 샌드위치 스프레드, 채소 디핑소스 등

 Recipe

재료
마요네즈 1컵, 갈은 생 와사비 2큰술, 꿀 1큰술

만드는 법
1 볼에 모든 재료를 넣고 섞어 완성한다.
2 소독한 용기에 담아 냉장보관한다.

Point
생 와사비가 없다면 연와사비를 넣어 만드세요. 생 와사비를 사용하면 보관기간이 짧아지는 단점이 있습니다.

NO. 41 완두콩그린소스

완두콩은 다른 콩에 비해 금세 익어 소스로 만들기가 수월하지요. 완두콩의 맛과 크림치즈가 조화롭게 어우러져 크리미한 소스가 완성됩니다. 크림치즈 대신 리코타치즈, 마스카포네치즈를 넣어도 잘 어울려요.

냉장보관	7일
활용요리	샐러드 스프레드, 채소튀김 디핑소스, 샐러드&피자 토핑 등

재료

완두콩 2컵(250g), 올리브유 1/2컵, 크림치즈 1과 1/2큰술, 레몬즙 1큰술, 소금 1/4작은술, 후춧가루 약간

만드는 법

1. 김 오른 찜기에 완두콩을 올려 15분 정도 찐 후 식힌다.
2. 푸드프로세서에 ①의 완두콩과 나머지 재료를 모두 넣고 곱게 갈아 완성한다.
3. 소독한 용기에 담아 냉장보관한다.

완두콩은 삶지 말고 쪄서 사용해야 고소한 맛을 잘 살릴 수 있어요. 완두콩의 수분은 최대한 제거하고 사용하세요.

찌기

찌기

NO. 42　　마깨소스

딥핑소스나 무침요리 혹은 샤브샤브 소스로 곁들이기 딱 좋지요. 마의 걸쭉함이 소스 맛을 진하게 만들어줍니다. 간을 더 필요하면 간장을 추가하세요. 땅콩가루나 땅콩버터와도 잘 어울려요.

냉장보관	7일
활용요리	나물무침 양념, 샐러드드레싱, 채소튀김 디핑소스, 해산물&고기냉채 소스 등

Recipe

재료

마 10cm(200g), 두유·깨 6큰술씩, 포도씨유 1큰술, 소금 1/3작은술

만드는 법

1. 마는 껍질째 김 오른 찜기에 올려 15분 정도 찐 후 식힌다.
2. 푸드프로세서에 ①의 마와 두유, 깨, 포도씨유, 소금을 넣고 곱게 갈아준다.
3. 소독한 용기에 담아 냉장보관한다.

Point

마는 젓가락으로 찔렀을 때 쑥 들어가는 정도까지 쪄야 부드러운 소스로 만들 수 있어요. 너무 익거나 설익으면 소스의 맛이 떨어집니다.

NO. 43 들깨미소달래소스

들깨가루, 들기름으로 만들어 고소한 맛과 향을 느낄 수 있습니다. 데친 채소무침이나 샐러드드레싱으로 제격이지요. 달래 외에 다른 향채소를 넣고 만들어도 좋아요.

냉장보관	14일
활용요리	나물무침 양념, 샐러드드레싱, 두부구이 토핑, 채소구이 소스 등

재료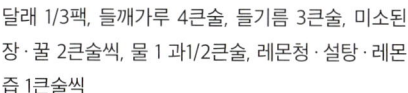

달래 1/3팩, 들깨가루 4큰술, 들기름 3큰술, 미소된장·꿀 2큰술씩, 물 1과1/2큰술, 레몬청·설탕·레몬즙 1큰술씩

만드는 법

1 달래는 송송 썰어 준비한다.
2 볼에 달래를 뺀 나머지 소스 재료를 넣고 섞는다.
3 ②에 송송 썬 달래를 넣고 가볍게 섞는다.
4 소독한 용기에 담아 냉장보관한다.

Point

들깨가루의 향이 싫다면 참깨를 곱게 갈아 넣으세요. 고춧가루를 약간 추가해 매콤하게 즐겨도 맛있습니다.

토마토함바그

집에서 만드는 함바그 어떠세요? 미리 만들어둔 구운 토마토대파소스만 있다면 수제 함바그도 어렵지 않습니다. 구운 토마토대파소스에 채소를 넉넉히 썰어넣으면 맛있는 함바그 소스가 되지요. 손님 초대요리, 아이 간식, 저녁메뉴로 추천해요.

by 구운 토마토대파소스

by 구운 토마토대파소스

토마토홍합스튜

마트에서 홍합 한 팩만 구입하면 시원하고 깔끔한 스튜를 만들 수 있답니다. 일반 홍합탕에 구운 토마토대파소스를 넣으면 토마토의 시원한 맛과 홍합국물의 감칠맛이 만나 이국적인 맛을 내지요. 가족이 둘러앉아 도란도란 이야기 나누며 먹기 좋아요.

햇양파배추된장국

햇양파와 파된장소스로 달큰하고 진한 된장국을 만들 수 있어요. 따로 채수나 육수를 내지 않고 파된장소스를 푼 국물에 건새우 몇 개만 넣어도 깊은 맛을 내지요. 유부초밥이나 김밥 등에 곁들이기 좋아요.

by 파된장소스

깻잎찜

청양고추다짐장에 고춧가루와 참기름을 더해 깻잎찜을 만들었어요. 전자레인지를 이용해 딱 10분이면 후닥닥 만들 수 있는 밥반찬이지요. 청양고추다짐장을 넣으면 마치 오랜 시간 조리한 듯 깊은 맛이 납니다.

토마토함바그

BASE　　NO.23 구운 토마토대파소스　P098 참조

재료

다진 소고기·다진 돼지고기 2/3컵(150g)씩, 양파·감자 1개(200g)씩, 숙주 2줌(100g), 달걀 2개, 체다치즈 2장, 올리브유 3과1/2큰술, 버터 1큰술, 소금·후춧가루 약간씩

고기 양념 달걀 1개, 다진 파 1큰술, 다진 마늘·청주 1/2큰술씩, 소금 1/2작은술, 후춧가루 약간, 빵가루 1/2컵

소스 구운 토마토대파소스 1컵, 데미글라스소스 2/3컵, 토마토케첩 3큰술, 우스타소스·설탕 1과1/2큰술씩, 올리고당 1/2큰술, 소금 1/3작은술

만드는 법

1. 양파는 반은 굵게 다지고 반은 0.3cm 두께로 슬라이스한다. 감자를 껍질째 8등분한다.
2. 중약불로 달군 팬에 올리브유 1/2큰술을 두르고 다진 양파와 소금, 후춧가루를 넣고 약간 노릇해질 때까지 볶아 식힌다.
3. 볼에 다진 소고기, 다진 돼지고기, ②의 볶은 양파, 고기 양념을 모두 넣고 충분히 치댄 후 지름 8cm 크기로 동그랗게 빚어 가운데 부분만 살짝 납작하게 눌러준다.
4. 중불로 달군 팬에 올리브유 1큰술을 두르고 ③을 올려 양쪽 겉면이 노릇하게 익힌 뒤 약불로 뚜껑을 닫고 익힌다.
5. 중약불로 달군 팬에 버터와 올리브유 1/2큰술을 두르고 채썬 양파를 넣어 노릇하게 볶은 후 소스 재료를 넣고 농도가 걸쭉해질 때까지 끓인다.
6. 중불로 달군 팬에 올리브유 1/2큰술을 둘러 감자와 소금, 후춧가루를 넣고 노릇하게 굽는다.
7. 중불로 달군 팬에 올리브유 1/2큰술을 두른 뒤 센 불로 높여 숙주, 소금, 후춧가루를 넣고 살짝 숨이 죽도록 볶는다.
8. 팬에 올리브유 1/2큰술을 둘러 달걀을 반숙으로 프라이한다.
9. 접시에 ④의 함바그와 반숙한 달걀프라이, ⑤의 소스를 뿌린 뒤 한쪽에 볶은 숙주와 구운 감자를 올려 완성한다.

토마토홍합스튜

BASE　　NO.23 구운 토마토대파소스　P098 참조

재료

홍합 1팩(700g), 홀토마토 2컵(400g), 구운 토마토대파소스 1컵, 청양고추 1/2개, 마늘 2쪽, 페퍼론치노 3개, 다진 양파·화이트와인·올리브유 2큰술씩, 소금·후춧가루 약간씩, 물 1과1/2컵

만드는 법

1. 홍합은 수염을 떼고 깨끗이 씻는다.
2. 홀토마토는 손으로 으깨두고 청양고추는 0.2cm 폭으로 송송 썬다. 마늘은 칼등으로 으깨 둔다.
3. 중약불로 달군 팬에 올리브유를 두르고 으깬 마늘과 다진 양파를 넣고 볶다가 페퍼론치노를 반 잘라 넣고 볶는다.
4. 센 불로 높여 홍합과 화이트와인을 넣고 알코올 향이 나지 않을 때까지 볶는다.
5. ④에 구운 토마토대파소스와 으깬 홀토마토, 물, 송송 썬 청양고추, 소금, 후춧가루를 넣고 홍합 입이 다 벌어질 때까지 끓여낸다.

TIP

알코올 향이 날아갈 때까지 볶기
홍합과 화이트와인을 함께 넣고 알코올 향이 날아갈 때까지 충분히 볶아주세요. 알코올 향과 함께 홍합의 비린 맛도 사라져요.

햇양파배추된장국

 — BASE　　NO.25 파된장소스 P102 참조

재료
햇양파 1/2개(100g), 배추 5장(80g), 홍고추 1개, 파된장소스 4큰술, 다시마 5×5cm 1장, 건새우 2/3컵, 물 5컵

만드는 법
1. 햇양파는 결대로 4등분하고 배추는 반으로 잘라 3cm 폭으로 썬다. 홍고추는 0.5cm 폭으로 송송 썬다.
2. 냄비에 다시마와 건새우, 물을 넣고 센 불에서 끓어오르면 중불로 줄여 5분간 끓이다가 다시마를 건져낸다.
3. ②에 파된장소스를 풀고 준비한 햇양파와 배추를 넣고 한소끔 끓이다가 송송 썬 홍고추를 넣고 불에서 내린다.

TIP
파된장소스에 고추장 섞기
약간 매운맛과 색을 내고 싶다면 소스에 고추장을 조금 섞으세요. 감칠맛은 물론 색이 진해져 더 맛있어 보여요.

깻잎찜

— BASE　　NO.30 청양고추다짐장 P110 참조

재료
깻잎 5묶음(50장), 홍고추 1개
양념 청양고추다짐장·간장 2큰술씩, 맛술 1큰술, 다진 파 1/2큰술, 올리고당 2작은술, 다진 마늘 1작은술

만드는 법
1. 깻잎은 흐르는 물에 깨끗이 씻어 물기를 털고 체에 밭친다.
2. 홍고추는 반 갈라 씨를 뺀 후 0.2cm 폭으로 송송 썬다.
3. 볼에 양념 재료를 모두 넣고 섞는다.
4. 전자레인지용 내열 용기에 깻잎을 2장씩 올리고 ③의 양념을 1/2작은술씩 골고루 펴바른다.
5. 깻잎→양념→깻잎→양념→깻잎 순으로 겹겹이 쌓는다.
6. ⑤에 뚜껑을 덮거나 랩을 씌워 전자레인지에 1분, 2분 두 번에 나눠 돌려 완성한다.

TIP
청양고추다짐장 활용하기
깔끔한 맛을 즐긴다면 청양고추다짐장만 넣고 만들어보세요. 심심한 듯 깊은 맛의 깻잎찜을 맛볼 수 있어요.

단호박꽃게탕

by 파된장소스

꽃게와 단호박은 찰떡궁합입니다. 늙은 호박을 넣어도 맛이 좋지요. 여기에 파된장소스만 풀어주면 달큰한 꽃게탕이 완성됩니다. 굳이 제철꽃게가 아니라도 냉동 꽃게로 만들어보세요. 국물 맛이 일품입니다.

by 무레몬간장소스

대패삼겹살청경채찜

고기요리를 즐기지만 칼로리를 생각하면 손이 덜 가기 마련입니다. 찜으로 즐기면 기름기가 쏙 빠져 칼로리 걱정도 줄어들지요. 대패삼겹살을 다양한 채소와 쪄서 상큼한 무레몬간장소스와 곁들이면 담백하게 즐길 수 있지요.

닭바비큐

간장의 짠맛과 채소의 단맛이 어우러진 소스에 닭다리살을 버무렸어요. 알배추, 고구마, 아스파라거스 등 다양한 채소를 곁들이면 레스토랑 스테이크도 부럽지 않습니다. 알배추에 닭바비큐를 싸서 아삭하게 즐기세요.

by 채소하나로끝간장소스

by 대파액젓매실청소스

오리고기영양부추무침

오리고기에는 항상 양파나 부추 등을 곁들이기 마련이죠. 이번에는 부추를 매콤달콤한 액젓매실청소스에 버무려 무침으로 내보세요. 기름진 오리고기의 맛을 깔끔하게 잡아줍니다. 영양부추무침을 오리고기와 같이 구워 먹어도 별미입니다.

단호박꽃게탕

 BASE　　NO.25 파된장소스 **P102 참조**

재료

꽃게 2마리(350g), 새우 5마리(150g), 미니단호박 1개(250g), 무 3cm 두께 1토막(100g), 쑥갓 1/2줌(25g), 팽이버섯 1/2봉(50g), 청양고추 1개, 홍고추 1/2개, 대파 10cm, 국간장 1/2큰술

멸치육수 4컵 멸치 1/2컵, 다시마 5×5cm 1장, 물 5컵

양념 파된장소스 3큰술, 다진 마늘 1/2큰술, 고춧가루 2작은술, 고추장·청주 1작은술씩, 다진 생강 1/3작은술

만드는 법

1. 냄비에 멸치육수 재료를 넣고 센 불에서 끓어오르면 중약불로 줄여 5분 정도 끓인 후 다시마는 건지고 10~15분 더 끓여 멸치를 건진다.
2. 꽃게는 가위로 다리 끝을 자르고 솔로 깨끗이 씻는다. 등딱지를 벌려 모래집을 떼어낸 뒤 몸통을 2등분한다. 새우는 깨끗이 씻어 내장을 빼낸다.
3. 미니단호박은 속을 파내 큼직하게 썰고 무는 사방 3cm, 두께 0.5cm 크기로 나박썬다. 청양고추와 홍고추, 대파는 0.3cm 두께로 어슷썬다. 팽이버섯은 밑동을 자르고 쑥갓은 10cm 길이로 썬다.
4. ①에 무를 넣고 중불에서 끓이다가 반쯤 익으면 양념 재료를 모두 풀고 단호박과 꽃게를 넣고 끓인다.
5. 어슷썬 청양고추와 홍고추, 대파, 국간장을 넣고 한 번 끓인 후 쑥갓과 팽이버섯을 올려 완성한다.

파된장소스에 미소된장 섞기 TIP
재래식 된장으로 파된장소스를 만들었다면 미소된장을 조금 섞어 짠맛을 덜어주세요. 더 부드러워지고 단맛도 돌아요.

대패삼겹살청경채찜

 BASE　　NO.29 무레몬간장소스 **P109 참조**

재료

대패삼겹살 300g, 숙주 2줌(100g), 청경채 2개(60g), 표고버섯 2개(40g), 무레몬간장소스 4큰술

만드는 법

1. 숙주는 먹기 좋게 다듬고 청경채는 반을 가른다.
2. 표고버섯은 키친타월로 지저분한 부분만 닦는다.
3. 김 오른 찜기에 대패삼겹살, 숙주, 청경채, 표고버섯을 올려 10분간 찐다.
4. 접시에 담고 무레몬간장소스를 곁들여낸다.

취향대로 소스 만들기 TIP
각자의 기호에 맞게 소스를 만들어보세요. 소스 볼 한쪽에 연와사비나 연겨자를 조금 올려 섞으면 쌉쌀한 매운맛의 무레몬간장소스를 맛볼 수 있어요.

닭바비큐

 BASE　NO.24 채소하나로끝간장소스　P100 참조

재료

닭다리살 1팩(400g), 알배추 1/4개(150g), 고구마 1개(200g), 아스파라거스 2개(40g), 올리브유 2큰술
밑간 청주 1큰술, 소금 1/3작은술, 후춧가루 약간
양념 채소하나로끝간장소스 2큰술, 올리고당 1큰술, 후춧가루 약간

만드는 법

1. 닭다리살은 두꺼운 부분을 반으로 저미고 앞뒷면을 칼끝으로 톡톡 4~5군데 찌른 후 밑간에 버무려 15분간 재운다.
2. 볼에 양념 재료를 넣고 섞는다.
3. 알배추는 반으로 자르고 고구마는 1cm 두께로 썬다. 아스파라거스는 딱딱한 밑동 부분을 2cm 자르고 필러로 두꺼운 껍질을 벗긴 뒤 반으로 자른다.
4. 중불로 달군 팬에 올리브유 1큰술을 두르고 알배추와 고구마, 아스파라거스를 노릇하게 굽는다.
5. 중불로 달군 팬에 올리브유 1큰술을 두르고 밑간한 닭다리살을 껍질이 팬 바닥에 닿도록 올려 앞뒤 노릇하게 굽다가 뚜껑을 닫고 중약불로 낮춰 뒤집어가며 익힌다.
6. 닭다리살이 어느 정도 익으면 ②의 양념을 넣고 굽는다.
7. 접시에 구운 알배추와 고구마, 아스파라거스, 닭바비큐를 올려 완성한다.

TIP 양념이 들어가면 중약불로 굽기
닭다리살에 양념을 넣어 구울 때는 중약불에서 굽다가 마지막에 센 불에서 3초 가량 구우세요. 윤기나는 닭바비큐를 만들 수 있어요.

오리고기영양부추무침

 BASE　NO.37 대파액젓매실청소스　P117 참조

재료

오리 훈제구이 1팩(200g), 영양부추 1/2단(200g), 양파 1/2개(100g), 대파액젓매실청소스 5큰술, 통깨 1작은술

만드는 법

1. 영양부추는 5cm 길이로 썰고 양파는 0.5cm 폭으로 썬다.
2. 중불로 달군 팬에 오리 훈제구이를 넣고 볶다가 오리 기름이 나오면 채썬 양파를 넣고 노릇하게 볶아낸다.
3. 볼에 준비한 영양부추와 대파액젓매실청소스, 통깨를 넣고 살살 버무린다.
4. 접시에 오리구이와 ③의 영양부추무침을 올려 완성한다.

TIP 영양부추 대신 대파채 무치기
대파액젓매실청소스로 다양한 채소무침을 즐기세요. 대파채, 쪽파, 쑥갓도 잘 어울려요. 대파액젓매실청소스를 쌈장처럼 활용해도 맛나요.

시저샐러드

평소 시저드레싱의 칼로리가 부담스러웠다면 오늘은 당근두유소스로 담백한 드레싱을 만들어보세요. 당근두유소스에 엔쵸비와 식초, 치즈, 다진 마늘, 레몬즙 등을 섞으면 시저드레싱 맛이 나지요. 재료는 그대로지만 칼로리는 팍팍 낮췄습니다.

― BASE ―
NO.27 당근두유소스 P106 참조

재료

로메인 1포기(250g), 베이컨 3장, 그라노파다노치즈 약간
시저드레싱 엔쵸비 2장, 당근두유소스 4큰술, 그라노파다노치즈 2큰술(10g), 설탕 1큰술, 레몬즙 1작은술, 다진 마늘 1/2작은술, 파슬리가루·후춧가루 약간씩

만드는 법

1 로메인은 깨끗이 씻어 물기를 최대한 털고 2~4등분해 한 잎씩 떼어낸다.
2 믹서에 시저드레싱 재료를 모두 넣고 곱게 갈아준다.
3 베이컨은 2cm 폭으로 썰어 중약불로 달군 팬에 넣고 노릇하게 구운 후 키친타월에 올려 기름기를 제거한다.
4 접시에 준비한 로메인을 올린 후 시저드레싱을 뿌린다. 바삭하게 구운 베이컨과 그라노파다노치즈를 토핑한다.

TIP
멸치액젓으로 엔쵸비 대체하기
시저드레싱의 핵심 재료인 엔쵸비가 없을 때는 집에 있는 멸치액젓으로 대체하세요. 엔쵸비 특유의 감칠맛은 덜해도 비슷한 맛을 내줘요.

쑥갓어묵튀김을 올린 자작냉우동

by 채소하나로끝쯔유소스

우동면 위에 쑥갓튀김을 올리고, 차갑게 만든 채소하나로끝쯔유소스를 뿌렸습니다. 튀김의 바삭함과 쯔유의 달큰함, 우동의 쫄깃함이 한데 어우러져 한 그릇 뚝딱 먹기 좋은 메뉴이지요. 튀김 만들기가 부담스럽다면 채소를 구워 고명처럼 올려도 맛있습니다.

by 채소하나로끝쯔유소스

양파채소돈부리

돈부리는 쉽고 간편하게 만들 수 있는 일품요리입니다. 채소하나로끝쯔유가 있다면 더 간단하고 쉽게 만들 수 있지요. 냉장고에서 쉽게 볼 수 있는 버섯, 양파, 달걀이 핵심 재료입니다. 언제고 빠른 시간 내에 만들 수 있는 메뉴예요.

구운 꽈리고추와 채썬 양파 곁들인 연어스테이크 ───── by 고추장아몬드마요소스

스테이크용 연어 한 토막을 굽고 냉장고 속 자투리 채소도 구워 고추장아몬드마요소스와 곁들였습니다. 고추장 베이스의 소스가 연어스테이크의 느끼함을 산뜻하게 만들어요.

by 마늘새콤소스

오이미역냉국

오이미역냉국은 의외로 간 맞추기가 생각보다 어렵지요. 조금씩 간을 하다 보면 너무 시거나 짜지기 쉽습니다. 마늘새콤소스를 활용하면 간단하게 새콤달콤한 냉국 맛을 낼 수 있어요. 입맛 없는 날, 시원하고 새콤달콤한 오이미역냉국을 만들어보세요.

쑥갓어묵튀김을 올린 자작냉우동

── BASE　NO.31 채소하나로끝쯔유소스　P111 참조

재료
우동 2팩(400g), 쑥갓 1줌(50g), 어묵 2개, 튀김가루 1큰술, 식용유 2컵
소스 국물 채소하나로끝쯔유소스 7큰술, 물 1과1/2컵
튀김 반죽 튀김가루 1/2컵, 물·탄산수 1/4컵씩
우동면 삶기 소금 1/2작은술, 물 3컵

만드는 법
1 볼에 소스 국물 재료를 넣고 섞은 후 지퍼백에 담아 냉동실에 1시간 정도 두어 살얼음 상태로 만든다.
2 볼에 튀김 반죽 재료를 넣고 잘 섞는다.
3 쑥갓은 깨끗이 씻어 물기를 제거하고 어묵과 함께 튀김가루 1큰술을 뿌려 살살 버무린다.
4 기름 팬에 식용유 2컵을 넣고 170℃까지 달구어 쑥갓을 튀김 반죽에 묻혀 노릇하게 튀겨 체에 밭친다.
5 쑥갓을 모두 튀겨내면 어묵을 튀김 반죽에 묻혀 노릇하게 튀겨 체에 밭친다.
6 냄비에 소금을 푼 물을 붓고 센 불에서 끓어오르면 우동면을 넣어 2분간 삶아 찬물에 헹궈 체에 밭쳐 물기를 뺀다.
7 그릇에 삶은 우동면을 담고 위에 쑥갓&어묵튀김을 올린다.
8 냉동실에 넣어둔 ①의 소스 국물을 부어낸다.

TIP
소스 국물은 살짝 얼리기
물에 쯔유를 섞은 소스 국물은 지퍼팩에 담아 냉동실에 평평하게 눕혀 놓아요. 오목한 용기에 비해 빠른 시간 내에 살얼음이 만들어집니다.

양파채소돈부리

── BASE　NO.31 채소하나로끝쯔유소스　P111 참조

재료
밥 2공기(400g), 양파 2/3개(150g), 당근 1/6개(50g), 대파 10cm, 달걀 2개, 맛타리버섯 1줌(100g), 가츠오부시 1줌, 참기름 1작은술
다시마 우린 물 1컵 다시마 5×5cm 3장, 물 1과1/2컵
돈부리 국물 채소하나로끝쯔유소스 5큰술, 청주 1큰술, 후춧가루 약간, 다시마 우린 물 1컵

만드는 법
1 냄비에 다시마 우린 물 재료를 넣고 센 불에서 부르르 끓어오르면 중약불로 낮춰 5분간 더 끓여 다시마를 건져낸다.
2 양파와 당근은 0.3cm 두께로 채썰고 대파도 같은 두께로 송송 썬다. 맛타리버섯은 손으로 먹기 좋게 찢는다.
3 ①에 돈부리 국물 재료를 모두 넣고 중불에서 끓어오르면 준비한 양파와 당근, 대파를 넣고 끓이다가 버섯을 넣어 채소와 버섯이 숨이 죽을 때까지 끓인다.
4 ③에 달걀을 풀어 달걀이 익으면 불을 끄고 참기름을 뿌린다.
5 그릇에 밥을 담고 ④를 붓고 가츠오부시를 올린다.

TIP
달걀 비린내가 싫다면 생강 약간 넣기
달걀 냄새를 없애고 싶다면 생강을 조금 넣어주세요. 생강을 많이 넣으면 쓴맛이 나기 쉬우니 약간만 추가합니다. 향도 좋아지고, 맛도 좋아져요.

구운 꽈리고추와 채썬 양파 곁들인 연어스테이크

 BASE　NO.26 고추장아몬드마요소스　P104 참조

재료

연어 구이용 2토막(600g), 미니단호박 1/2개(125g), 미니양배추 3개(60g), 양파 1/2개(100g), 꽈리고추 6개(60g), 고추장아몬드고추마요소스 8큰술, 올리브유 1큰술
밑간 올리브유 1과1/2큰술, 소금·후춧가루 약간씩

만드는 법

1. 연어는 키친타월로 감싸 물기를 없애고 밑간 재료를 뿌린다.
2. 미니단호박은 1cm 두께로 썰고 미니양배추는 반 가른다. 양파는 0.2cm 폭으로 얇게 채썰어 찬물에 담가두고 꽈리고추는 키친타월로 물기를 제거한다.
3. 중약불로 달군 팬에 올리브유를 두르고 미니단호박과 미니양배추, 꽈리고추를 넣고 노릇하게 굽는다.
4. 중약불로 달군 팬에 밑간한 연어를 올리고 중불로 올려 연어를 앞뒤로 2~3분씩 노릇하게 굽는다.
5. 접시에 구운 연어와 구운 미니단호박, 미니양배추, 꽈리고추를 올리고 채썬 양파와 고추장아몬드마요소스를 곁들인다.

오이미역냉국

 BASE　NO.35 마늘새콤소스　P115 참조

재료

미역 1/4컵(6g), 오이 1/3개(60g), 홍고추 1/2개, 얼음 6개
밑간 양념 마늘새콤소스·국간장 1큰술씩
냉국 양념 마늘새콤소스 1큰술, 설탕 2작은술, 소금 1/2작은술, 생수 1과1/2컵

만드는 법

1. 미역은 물에 불렸다가 끓는 물에 30초 정도 데쳐 찬물에 헹구어 체에 밭친다.
2. ①에 밑간 양념을 넣고 버무려 5분 정도 둔다.
3. 오이는 0.3cm 폭으로 채썰고 홍고추는 0.2cm 폭으로 송송 썬다.
4. 볼에 냉국 양념을 넣고 고루 섞는다.
5. 밑간한 미역과 냉국 양념, 채썬 오이, 송송 썬 홍고추를 넣고 섞어 그릇에 담아 얼음을 띄워낸다.

TIP 양파를 소스에 버무려 무침으로 활용하기
양파채와 고추장아몬드마요소스를 각각 세팅해도 좋지만 한데 버무려 무침으로 즐겨도 좋아요. 매콤한 밥반찬으로 내놓아도 손색없습니다.

TIP 미역은 반드시 밑간 양념하기
냉국에 넣을 미역은 먼저 밑간을 해두세요. 국물에만 간을 하면 맛이 심심하답니다. 미역도 국간장과 마늘새콤소스로 밑간한 뒤에 냉국에 넣으세요.

당근채샐러드

by 두부시금치캐슈너트소스

당근을 전면에 내세운 샐러드입니다. 찬바람이 불 때쯤이면 당근의 맛이 달고 아삭하지죠. 제철에 만드는 당근채샐러드는 설탕을 넣은 것만큼이나 단맛이 돕니다. 당근 한 개와 두부시금치캐슈너트소스만 있으면 고소하고 맛있는 한끼 샐러드가 완성됩니다.

by 채소하나로끝간장소스

대파채소불고기

불고기용 소고기에 소스 하나만 넣고 볶으면 소불고기가 완성됩니다. 마무리 단계에서 대파채를 올리면 대파 향까지 더해져 맛있지요. 은근히 만들기 어려운 불고기 양념, 이제 채소하나로끝간장소스로 손쉽게 만드세요.

버섯순두부들깨탕

by 청양고추다짐장

하얀 버섯순두부들깨탕은 가족 모두가 즐길 수 있는 메뉴예요. 고소한 들깨탕에 청양고추다짐장을 올리면 칼칼하면서도 구수한 맛이 나지요. 다짐장 없이 들깨탕처럼 즐겨도 담백해요.

by 마늘듬뿍고추소스

깻잎양파제육볶음

마늘듬뿍고추소스 하나로 불맛 나는 깻잎양파제육볶음을 만들었어요. 마늘이 듬뿍 들어가 깔끔한 매운맛을 내지요. 밥반찬은 물론 퀘사디아 속재료로 넣어도 잘 어울려요.

당근채샐러드

 BASE   NO.39 두부시금치캐슈너트소스   P119 참조

재료

당근 1개(250g), 두부시금치캐슈너트소스 5큰술, 아몬드 2큰술(30g), 말린 크랜베리 1큰술(15g)

만드는 법

1 당근은 0.3cm 두께로 곱게 채썬다.
2 기름 두르지 않은 팬에 아몬드를 넣고 약불에서 볶아 한 김 식힌다.
3 아몬드가 식으면 칼을 이용해 굵게 다진다.
4 볼에 채썬 당근과 굵게 다진 아몬드, 말린 크랜베리, 두부시금치캐슈너트소스를 넣고 버무려낸다.

TIP

건과일 대신 과일채 섞기
말린 크랜베리 등의 건과일이 없다면 신선한 과일을 채썰어 넣으세요. 사과, 감, 배 등 다양한 과일을 활용하면 신선한 단맛이 돌아 맛있지요.

대파채소불고기

 BASE   NO.24 채소하나로끝간장소스   P100 참조

재료

불고기용 소고기 300g, 대파채 1줌(50g)

양념   채소하나로끝간장소스 4큰술, 올리고당 2와1/2큰술, 다진 파 1과1/2큰술, 다진 마늘 1큰술, 참기름·청주 1/2큰술씩, 통깨 약간

만드는 법

1 불고기용 소고기는 키친타월 위에 올려 핏물을 제거한다.
2 볼에 양념 재료를 섞은 후 핏물을 제거한 소고기를 넣고 버무려 20분간 재운다.
3 중불로 달군 팬에 재운 소고기를 올려 볶다가 국물이 자작하게 나오면 고기를 팬 가장자리에 밀고 국물을 졸이다가 다시 섞어 볶는다.
4 접시에 불고기를 담고 대파채를 올려낸다.

TIP

불고기 양념은 20~30분만 재우기
불고기용 소고기는 두께가 얇아 너무 오래 재워두면 색깔만 탁해지고 맛이 덜해져요. 너무 오랜 시간 재워두지 않도록 주의하세요.

버섯순두부들깨탕

 BASE   NO.30 청양고추다짐장 P110 참조

재료

순두부 1봉(350g), 새송이버섯 2개(160g), 맛타리버섯 1줌 (100g), 알배추 3장(60g), 대파 흰부분 10cm, 청양고추다짐장 1큰술, 들깨가루 1/2컵
멸치육수 4컵 멸치 2/3컵, 양파 1/4개, 다시마 5×5cm 2장, 물 5컵
양념 국간장 1큰술, 참치액젓 1/2큰술, 다진 마늘 1작은술, 소금 1/5작은술

만드는 법

1. 냄비에 멸치육수 재료를 넣고 센 불에서 끓어오르면 5분 뒤 다시마만 건지고 중약불로 줄여 10~15분 더 끓인다.
2. 새송이버섯과 알배추는 반 잘라 먹기 좋은 크기로 썰고 맛타리버섯은 결대로 찢는다. 대파는 송송 썬다.
3. ①에 버섯, 순두부를 넣고 중불에서 한소끔 끓인 뒤 국간장, 참치액젓, 다진 마늘, 소금을 넣는다.
4. 들깨가루를 넣어 끓이다가 송송 썬 대파를 넣고 불을 끈다.
5. 그릇에 담고 청양고추다짐장을 올려 완성한다.

TIP 진한 국물맛을 원하면 끓일 때 다짐장 넣기
더 맵고 깊은 맛을 내고 싶다면 다짐장을 같이 넣고 한소끔 끓여주세요. 깔끔한 매운맛을 원하면 고명처럼 올리기를 추천해요.

깻잎양파제육볶음

BASE   NO.32 마늘듬뿍고추소스 P112 참조

재료

돼지고기 앞다리살 300g, 양파 2/3개(150g), 청고추·홍고추 1/2개씩, 대파 10cm, 깻잎 5장, 올리브유·참기름 1/2큰술씩
밑간 양념 청주 1/2큰술, 다진 마늘 1작은술, 후춧가루 약간
돼지고기 양념 마늘듬뿍고추소스 3과1/2큰술, 고춧가루·올리고당 1큰술씩, 맛술 1작은술

만드는 법

1. 돼지고기는 밑간 양념에 버무려 10분 정도 재워둔다.
2. 밑간한 돼지고기에 양념 재료를 모두 넣고 조물조물 버무려 다시 10분간 재운다.
3. 양파는 0.5cm 폭으로 썰고 청고추와 홍고추도 양파와 같은 두께로 송송 썬다. 대파는 반 갈라 5cm 길이로 썰고 깻잎은 돌돌 말아 0.5cm 폭으로 채썬다.
4. 중약불로 달군 팬에 올리브유를 두르고 양파를 넣고 볶다가 ②의 양념한 돼지고기를 넣어 볶는다.
5. 고기가 익으면 청고추와 홍고추, 대파, 참기름을 넣어 전체적으로 버무리듯 다시 한 번 볶아 불을 끈다.
6. 접시에 담고 채썬 깻잎을 수북이 올려 완성한다.

TIP 맵게 즐기려면 고추장 1큰술 추가하기
시중에서 파는 제육볶음의 맛을 내고 싶을 때는 고추장 1큰술을 돼지고기 양념에 추가하세요. 조금 텁텁할 수 있지만 진한 풍미의 제육볶음을 맛볼 수 있어요.

깻잎한입쌈

by 가지쌈장소스

참기름과 소금으로 간한 밥을 데친 깻잎으로 감싸 가지쌈장소스를 위에 올려냈어요. 한 입에 쏙 들어가 아이들이나 어르신들도 부담 없이 먹을 수 있는 메뉴입니다. 피크닉이나 손님 초대상에도 잘 어울려요.

BASE
NO.34 가지쌈장소스 P114 참조

재료

밥 2공기(400g), 깻잎 20장, 가지쌈장소스 3큰술, 참기름 1큰술, 통깨 2작은술, 소금 1/3작은술

만드는 법

1 깻잎은 흐르는 물에 깨끗이 씻어 체에 밭쳐 물기를 뺀다.
2 냄비에 물 2컵을 넣어 센 불에서 끓어오르면 깻잎을 넣고 10초간 데쳤다가 찬물에 헹구어 체에 밭친다.
3 볼에 밥과 참기름, 통깨, 소금을 넣고 주걱으로 가르듯이 섞은 후 경단모양으로 작게 만든다.
4 데친 깻잎을 한 장씩 펴고 ③을 올려 감싸준다.
5 접시에 담고 그 위에 가지 쌈장소스를 올려낸다.

TIP
밥 안에 소스 넣고 만들기
도시락용은 가지쌈장소스를 쌈밥 위에 올리지 말고 밥 속에 넣어 뭉쳐주세요. 깔끔하게 즐길 수 있어요.

아게다시도후

바삭하게 튀긴 두부에 무레몬간장소스를 뿌려 먹는 메뉴입니다. 넉넉한 기름에 튀겨낸 두부에 무레몬간장소스만 부어주면 완성이지요. 밥반찬은 물론 간단한 술안주로도 좋아요.

by 무레몬간장소스

by 토마토케첩

표고버섯강정

닭강정은 남녀노소 모두가 좋아하는 메뉴죠. 이번엔 고기의 식감을 가진 표고버섯으로 강정을 만들었습니다. 표고버섯강정 소스에 토마토케첩을 넣어 새콤달콤하게 만들면 버섯을 잘 먹지 않는 아이들도 눈깜짝할 사이에 먹는답니다.

얼큰바지락순두부찌개

by 대파마늘고추고기소스

밖에서 먹는 순두부찌개 맛을 집에서 내기가 쉽지 않지요. 대파마늘고추고기소스를 활용해보세요. 물에 소스를 풀고 재료를 넣고 끓이면 얼큰하고 시원한 순두부찌개를 맛을 볼 수 있어요.

by 마늘듬뿍고추소스

캔고등어묵은지찜

그야말로 밥도둑 메뉴입니다. 묵은지와 고등어를 넣어 보글보글 끓이다가 마늘듬뿍고추소스를 넣으면 생선요리전문점에서 맛보던 찜 맛이 나지요. 생물 고등어, 갈치, 삼치로 만들면 더 맛있어요. 묵은지가 있다면 오늘 저녁메뉴로 도전하세요.

아게다시도후

 — BASE   NO.29 무레몬간장소스 P109 참조

재료

부침용 두부 1모(300g), 쪽파 1줄기, 올리브유 3큰술, 가츠오부시 2큰술, 감자전분 1/3컵

소스 무레몬간장소스 5큰술, 물 2와1/2큰술

만드는 법

1 부침용 두부는 키친타월에 감싸 수분을 빼고 쪽파는 0.3cm 폭으로 송송 썬다.
2 물기를 제거한 두부를 4등분하고 감자전분을 사면에 묻힌다.
3 중약불로 달군 팬에 올리브유 3큰술을 두른 후 중불로 올려 ②의 두부를 넣고 노릇하게 튀기듯 굽는다.
4 그릇에 구운 두부를 담고 소스 재료를 섞어 붓는다.
5 송송 썬 쪽파와 가츠오부시를 올려낸다.

표고버섯강정

— BASE   NO.33 토마토케첩 P113 참조

재료

표고버섯 12개(250g), 다진 땅콩 2큰술(30g), 올리브유 5큰술, 감자전분 3큰술

소스 토마토케첩 4큰술, 올리고당 3큰술, 고추장 2큰술, 맛술 1큰술

만드는 법

1 표고버섯은 4등분해 감자전분에 묻힌다.
2 중불로 달군 팬에 올리브유 5큰술을 넣고 감자전분을 묻힌 버섯을 넣고 노릇하게 튀기듯 굽는다.
3 중약불로 달군 팬에 소스 재료를 모두 넣어 걸쭉한 농도가 될 때까지 끓인다.
4 소스가 걸쭉해지면 ②의 구운 버섯을 넣고 센 불로 높여 골고루 버무린다.
5 접시에 담은 후 다진 땅콩을 뿌려 완성한다.

TIP 소스와 물의 비율은 2 : 1
무레몬간장소스에 물을 섞어서 소스를 만들어요. 이때 물은 소스의 절반 양만 넣습니다. 물 대신 채수나 다시마 우린 물을 사용하면 소스의 맛을 한층 더 높일 수 있어요.

TIP 매운맛이 싫다면 고추장 빼기
아이 간식용으로 새콤달콤한 맛을 내고 싶을 때는 고추장 2큰술을 빼고 토마토케첩의 양을 늘려 넣어요.

얼큰바지락순두부찌개

 —— BASE   NO.36 대파마늘고추고기소스   P116 참조

재료

순두부 1봉(350g), 해감 바지락 1봉(200g), 믹스 해산물 1/2컵(100g), 달걀 1개, 대파 10cm, 대파마늘고기고추소스 2큰술, 다진 마늘·참치액젓·청주 1작은술씩, 소금 1/4작은술, 후춧가루 1/6작은술, 물 1과1/2컵

만드는 법

1 바지락과 믹스 해산물은 체에 밭쳐 흐르는 물에 헹구어 물기를 뺀다.
2 대파는 0.5cm 폭으로 송송 썬다.
3 냄비에 바지락과 다진 마늘, 청주를 넣고 중불에서 알코올 향이 날아갈 때까지 볶다가 대파마늘고기고추소스와 믹스 해산물, 물을 넣어 바지락이 입을 벌릴 때까지 끓인다.
4 ③에 순두부를 넣어 숟가락으로 큼직하게 잘라주고 송송 썬 대파와 소금, 후춧가루를 넣어 끓인다.
5 마지막에 달걀을 넣고 끓여 완성한다.

캔고등어묵은지찜

—— BASE   NO.32 마늘듬뿍고추소스   P112 참조

재료

캔고등어 1캔(400g), 묵은지 1/6포기(150g), 양파 1/2개(100g), 대파 흰부분 10cm, 청양고추·홍고추 1/2개씩, 설탕 1/2작은술, 쌀뜨물 2컵
양념 마늘듬뿍고추소스·김치국물 2큰술씩, 맛술 1큰술, 참치액젓 1작은술

만드는 법

1 양파는 0.5cm 폭으로 채썰고 대파와 청양고추, 홍고추도 같은 폭으로 어슷썬다.
2 냄비에 쌀뜨물을 붓고 묵은지와 채썬 양파를 넣은 후 김치 위에만 설탕을 뿌려 중불에서 한소끔 끓인다.
3 ②에 양념과 캔고등어를 넣고 중약불로 낮춰 국물이 자작해지도록 끓인다.
4 어슷썬 대파와 청고추, 홍고추를 넣고 국물을 끼얹어 숨이 죽으면 불을 끈다.

바지락 입이 열리면 소스 넣기
바지락과 청주를 먼저 볶다가 대파마늘고기고추소스를 넣어 볶아야 비린내를 날릴 수 있어요. 한꺼번에 같이 넣고 끓이면 비린 맛이 남기 쉬워요.

생선조림 소스로 활용하기
무와 감자를 넣고 생선조림을 만들어도 좋아요. 냄비에 마늘듬뿍고추소스와 물, 무, 감자를 넣어 끓이다가 생선을 넣고 조리세요. 무와 감자를 넣을 때는 소스의 양을 2배 이상 늘려요.

고소한 네모두부구이

by 들깨미소달래소스

두부를 크게 잘라 노릇하게 구워 들깨미소달래소스를 뿌려낸 메뉴예요. 밋밋한 맛의 두부에 들깨미소달래소스를 뿌리면 색다른 맛의 두부구이를 만들 수 있습니다. 냉장고에 남은 두부가 있다면 주저하지 말고 만들어보세요.

by 들깨미소달래소스

닭가슴살참나물무침

나물무침은 다 비슷하다고 생각한다면 이 메뉴에 도전하세요. 향이 좋은 참나물에 고단백 닭가슴살을 찢어 밑간해 넣고 들깨미소달래소스로 버무렸어요. 밥반찬은 물론 샐러드처럼 즐겨요.

가지고추소스덮밥

by 대파마늘고추고기소스

가지요리는 물컹거리는 식감 때문에 호불호가 갈리지요. 하지만 가지는 조리방법에 따라 식감과 맛이 달라질 수 있답니다. 가지를 슬라이스해 구우면 식감이 꼬들꼬들해집니다. 매콤한 대파마늘고추고기소스를 더해 덮밥으로 만들었어요.

by 당근사과비빔소스

대파황태채골뱅이소면

새콤달콤한 당근사과비빔소스에 쫄깃한 황태채와 골뱅이, 아삭한 대파를 버무린 요리예요. 별미처럼 즐기거나 간단한 술안주로 내기 좋습니다. 당근사과비빔소스만 만들어두면 비빔국수는 물론 각종 비빔요리도 문제 없어요.

고소한 네모두부구이

 BASE　　NO.43 들깨미소달래소스 P123 참조

재료
부침용 두부 1팩(300g), 들깨미소달래소스 2큰술, 올리브유 3큰술, 소금 1/6작은술

만드는 법
1. 두부에 소금을 뿌려 10분 정도 그대로 둔다.
2. 두부의 수분이 빠져나오면 키친타월로 감싸 물기를 없애고 4등분한다.
3. 중약불로 달군 팬에 올리브유를 두르고 두부를 굽는다.
4. 접시에 구운 두부를 담고 그 위에 들깨미소달래소스를 뿌려 낸다.

TIP 두부는 수분 제거하고 굽기
두부는 소금과 키친타월을 이용해 최대한 수분을 제거하고 구우세요. 겉면이 바삭하게 구워져야 소스를 뿌리고 나서도 쉽게 눅눅해지지 않아요.

닭가슴살참나물무침

 BASE　　NO.43 들깨미소달래소스 P123 참조

재료
닭가슴살 1쪽(100g), 참나물 1줌(100g), 들깨미소달래소스 4큰술
닭가슴살 밑간 참기름 1/2작은술, 소금 1/6작은술
참나물 데치기 소금 1/2작은술, 물 5컵

만드는 법
1. 냄비에 물 5컵과 소금 1/2작은술을 넣고 센 불에서 끓어오르면 참나물을 넣어 30초 정도 데친다.
2. 데친 참나물은 찬물에 넣어 헹구어 체에 밭친 후 수분을 꽉 짜고 5cm 길이로 썬다.
3. ①에 닭가슴살을 넣어 10분 정도 삶아 한 김 식혔다가 먹기 좋은 크기로 찢는다.
4. 볼에 찢은 닭가슴살을 넣고 밑간한다.
5. ④에 데친 참나물과 들깨미소달래소스를 넣고 버무려낸다.

TIP 견과류나 말린 과일 추가하기
닭가슴살참나물무침에 견과류나 말린 과일을 넣어도 잘 어울려요. 아몬드, 땅콩, 크랜베리, 블루베리 등 다양한 재료와 매칭해 보세요.

가지고추소스덮밥

— BASE   NO.36 대파마늘고추고기소스 P116 참조

재료

밥 2공기(400g), 다진 돼지고기 200g, 가지 1개(120g), 마늘 6쪽, 대파마늘고기고추소스 6큰술, 다진 양파 4큰술, 올리브유 1과1/2큰술, 올리고당 2작은술, 소금·후춧가루 약간씩, 물 1컵
고기 양념 맛술 1/2큰술, 간장·다진 마늘·올리고당 1작은술씩

만드는 법

1. 다진 돼지고기는 고기 양념을 넣고 버무려 10분간 재운다.
2. 가지는 모양대로 0.5cm 두께로 슬라이스하고 마늘은 0.3cm 폭으로 편썬다.
3. 중약불로 달군 팬에 올리브유 1/2큰술을 두르고 슬라이스한 가지와 소금, 후춧가루를 넣어 노릇하게 굽는다.
4. 중불로 달군 팬에 올리브유 1큰술을 두르고 편썬 마늘을 넣고 노릇하게 볶아 건져두고, 다진 양파를 넣고 볶다가 ①의 양념에 재운 돼지고기를 넣고 볶는다.
5. ④에 대파마늘고추소스, 올리고당, 물, ③의 구운 가지를 넣고 자박하게 끓여 소금으로 간한다.
6. 그릇에 밥을 담고 그 위에 끓여낸 ⑤를 올리고 노릇하게 볶은 마늘을 토핑한다.

TIP 녹말물로 소스 묽기 조절하기
덮밥용 가지고기볶음이 묽어 보이면 감자전분 1/2큰술에 물 2큰술을 풀어 넣으세요. 중식 스타일의 걸쭉한 덮밥 소스가 완성됩니다.

대파황태채골뱅이소면

— BASE   NO.28 당근사과비빔소스 P108 참조

재료

소면 2줌(140g), 골뱅이 1캔, 황태채 1줌(30g), 오이 1/2개(150g), 양파 1/2개(100g), 대파 2대(200g), 홍고추 1개, 깻잎 10장(20g), 당근사과비빔소스 1컵, 화이트와인 1큰술, 참기름 1/2큰술, 통깨 1작은술

만드는 법

1. 골뱅이는 건더기만 건져 볼에 담아 화이트와인을 넣어 5분간 두었다가 체에 밭쳐 물기를 뺀다.
2. 황태채는 물 1/3컵에 적셔 불린 후 수분을 꽉 짜준다.
3. 오이는 반 갈라 어슷썰고 양파는 얇게 채썬다. 대파는 길쭉하게 썰고 홍고추는 송송 썬다. 깻잎은 돌돌 말아 1cm 폭으로 자른다.
4. 냄비에 물 1리터를 붓고 센 불에서 소면을 넣고 끓어오르면 중불로 줄여 3분 정도 삶는다. 중간중간 물이 끓어오르면 찬물을 넣고 끓이다가 찬물에 헹군다.
5. 볼에 골뱅이와 준비한 채소, 황태채, 참기름, 당근사과비빔소스를 넣어 버무린다.
6. 접시에 담고 통깨를 뿌린 뒤 소면을 곁들인다.

TIP 다진 사과로 단맛 높이기
달콤한 맛을 내고 싶다면 당근사과비빔소스에 사과를 굵게 다져 넣으세요. 은은한 사과 향도 나고 씹을 때마다 단맛이 느껴져요.

루꼴라통밀토르티야롤

by 완두콩그린소스

마요네즈나 허니머스터드소스로 맛낸 시판 토르티야와 달리 완두콩그린소스를 넣은 건강한 루꼴라통밀 토르티야롤이에요. 완두콩의 부드러움과 고소함이 토르티야의 맛을 더욱 높여주지요. 아이 간식은 물론 피크닉 도시락 메뉴로도 강추합니다.

by 마깨소스

샤브샤브고기연근냉채

샤브샤브용 소고기를 데쳐 소스에 버무린 냉채입니다. 소고기의 담백함과 마깨소스의 고소함이 냉채와 잘 어울려요. 더운 여름 차갑게 냉채로 먹으면 입맛을 돋아줘요. 우동 사리를 찬물에 헹궈 버무려도 맛이 좋아요.

참치핑거주먹밥

by 생와사비마요소스

누구나 쉽고 간편하게 만드는 주먹밥에 소스로 포인트를 주었습니다. 와사비마요소스를 참치에 버무려 맛도 훨씬 좋지요. 오이를 얇게 슬라이스해 주먹밥에 감싸면 컬러도 맛도 업그레이드되어요.

by 명란쪽파마요소스

아보카도명란쪽파마요비빔밥

다이어트 식단으로 인기를 모으는 메뉴예요. 마요네즈에 명란젓을 버무린 명란쪽파마요소스를 넣어 맛있지요. 아보카도만 하나 있으면 간편한 비빔밥 한 그릇을 만들 수 있습니다. 연겨자간장소스를 곁들여 아보카도와 마요네즈의 느끼한 맛을 잡았어요.

루꼴라통밀토르티야롤

 BASE　　NO.41 완두콩그린소스　P121 참조

재료

통밀 토르티야 2장, 훈제 닭가슴살 1개(100g), 토마토 1/2개(100g), 루꼴라 1줌(50g), 로메인 잎 2장, 슬라이스 치즈 2장, 완두콩그린소스 6큰술, 홀그레인 머스터드 1큰술

만드는 법

1. 훈제 닭가슴살과 토마토는 0.5cm 두께로 썬다.
2. 로메인과 루꼴라는 씻어 채소탈수기에 돌리거나 체에 밭쳐 물기를 최대한 제거한다.
3. 통밀 토르티야 위에 홀그레인 머스터드를 바른 후 완두콩그린소스를 덧바른다.
4. ③에 슬라이스 치즈→로메인→훈제 닭가슴살→루꼴라→토마토 순으로 올린 후 돌돌 말아 유산지로 감싼다.
5. 롤을 2등분하여 접시에 올린다.

TIP 허니머스터드, 칠리소스와도 매칭하기
토르티야 위에 홀그레인 머스터드 대신 허니머스터드 또는 칠리소스를 바르고 완두콩그린소스를 덧발라보세요. 소스에 따라 다양한 맛을 느낄 수 있어요.

샤브샤브고기연근냉채

 BASE　　NO.42 마깨소스　P122 참조

재료

샤브샤브용 소고기 150g, 연근 10cm(150g), 오이 2/3개(120g)
소스 마깨소스 3큰술, 다진 양파·미소된장·맛술 2큰술씩, 레몬즙·올리고당·포도씨유 1큰술씩, 깨 1/2큰술
연근 데치기 식초 1/2큰술, 물 2컵

만드는 법

1. 연근은 껍질을 벗긴 후 0.3cm 두께로 썰고 오이는 1/2개는 필러를 이용하여 얇게 슬라이스하고 남은 1/3개는 반 갈라 0.5cm 폭으로 어슷썬다.
2. 볼에 소스 재료를 모두 넣고 섞어둔다.
3. 냄비에 연근 데치는 물을 넣고 센 불에서 끓어오르면 ①의 연근을 넣고 1분간 데쳐 찬물에 헹구어 체에 밭쳐 물기를 뺀다.
4. 샤브샤브용 소고기는 끓는 물에 30초 정도 데친 후 체에 밭쳐 물기를 제거하고 한 김 식힌다.
5. 볼에 준비한 연근과 오이, 데친 소고기, 소스를 버무려 완성한다.

TIP 소스에 땅콩버터 섞기
마깨소스에 땅콩버터를 1/2큰술만 섞어도 맛이 확 달라져요. 땅콩버터만의 고소함이 더해져 마치 밖에서 사 먹는 냉채요리 맛이 납니다.

참치핑거주먹밥

 BASE　　NO.40 생와사비마요소스　P120 참조

재료

밥 2공기(400), 캔참치 1캔(200g), 오이 2개(400g), 무순 약간, 생와사비마요소스 4큰술, 갈은 와사비 또는 연와사비 2작은술, 참기름 1큰술, 소금 1/3작은술, 후춧가루 약간

만드는 법

1. 볼에 밥과 참기름, 소금을 넣고 밑간한다.
2. 참치는 체에 밭쳐 수분을 꽉 짠 뒤 볼에 생와사비마요소스, 후춧가루를 넣고 버무린다.
3. 오이는 감자칼을 이용해 최대한 얇게 슬라이스 한다.
4. ①의 밑간한 밥을 모양내 잡고 슬라이스한 오이로 감싼다.
5. ④ 위에 ②의 버무린 참치→와사비 또는 연와사비→무순 순으로 올려 완성한다.

매운맛 vs 고소한 맛 다양하게 즐기기 TIP
참치와 생와사비마요소스를 섞을 때 본인 입맛에 맞게 다양하게 만들어보세요. 매운맛은 연와사비나 와사비, 고소한 맛은 통깨를 갈아 추가하면 됩니다.

아보카도명란쪽파마요비빔밥

 BASE　　NO.38 명란쪽파마요소스　P118 참조

재료

밥 2공기(400g), 아보카도 1개, 달걀 2개, 명란쪽파마요소스 3큰술, 김가루 2큰술, 올리브유 1/2큰술
양념장 간장 1과1/2큰술, 연겨자·참기름 1작은술씩

만드는 법

1. 아보카도는 칼이 씨에 닿게 깊숙이 꽂은 후 한 바퀴 돌려가며 칼집을 낸다. 비틀어서 두 쪽으로 나눈 뒤 씨에 칼날을 고정해 비틀어 빼고 숟가락으로 과육만 발라 0.5cm 두께로 썬다.
2. 중약불로 달군 팬에 올리브유를 두르고 달걀을 올려 반숙으로 프라이한다.
3. 그릇에 밥을 담고 그 위에 모든 재료를 올리고 양념장을 곁들인다.

마요비빔밥에 양념장 곁들이기 TIP
명란쪽파마요소스가 들어간 비빔밥은 양념장을 곁들여 드세요. 양념장에 들어 있는 연겨자의 매운맛이 마요소스의 느끼함을 잡아줍니다.

OIL & COOKING

다양한 채소의 향과 맛을 오일로 즐겨보세요. 오일에 채소나 허브를 넣고 끓이거나 우리면 채소 향 가득한 개성 있는 오일이 완성됩니다. 구이, 볶음, 조림 등 다양한 요리에 쓰여 깊은 풍미를 내주지요. 실온에 두고 사용하세요.

종류 — **조미료 or 볶음용 or 절임용**
용도에 따라 각각 들어가는 재료도 조금씩 달라집니다. 요리의 잡내를 없애고 풍미를 더하는 조미료 오일은 고춧가루, 생강, 마늘 등으로 만들고 볶음용 오일은 대파, 마늘, 깻잎처럼 향이 나는 채소로 만듭니다. 절임용 오일은 각종 허브와 마늘, 레몬 등을 즐겨 사용합니다.

재료 — **오일+향채소+색채소**
오일의 핵심 재료는 오일과 향채소, 색채소입니다. 오일은 올리브유, 포도씨유, 콩기름 등을 즐겨 사용하고 향채소는 대파, 마늘, 생강, 허브 등이 쓰입니다. 고춧가루, 치자 등의 색채소로 오일의 색을 바꾸기도 합니다.

만들기 — **끓이기/우리기**
오일은 재료를 넣고 끓이거나 우려서 만듭니다. 끓이는 용도의 오일은 발염점이 높은 식용유나 카놀라유를 사용합니다. 마늘과 대파페이스트로 오일을 만들 때는 향이 없는 포도씨유를 사용하세요. 허브 채소를 우릴 때는 다른 채소의 향을 더욱 좋게 만들어주는 올리브유가 제격입니다.

끓이기

깻잎, 대파, 마늘, 생강 등 향이 나는 채소를 오일에 넣고 끓이면 채소 각각의 향이 오일에 배어듭니다. 끓이는 과정을 통해 알싸하게 매운 향은 고소하고 풍미 가득한 향으로 바뀌지요. 채소 자체의 향과 맛을 더 끌어낼 수 있어요.

NO. 44　　　　　　　　　　　　　　　　　**파뿌리대파고추오일**

파뿌리와 대파로 만든 풍미가 좋은 오일입니다. 요리에 따로 대파를 넣지 않고 오일만 사용해도 대파의 향을 충분히 낼 수 있지요. 일반 오일과 1:1 비율로 섞어 조리하면 매운맛과 색을 동시에 낼 수 있습니다.

냉장보관 | 2개월
활용요리 | 각종 무침양념, 샐러드드레싱, 볶음우동&고기볶음 오일 등

재료

파뿌리 3개(20g), 대파 1대(100g), 다진 마늘 1과1/2큰술, 고춧가루 1/2컵, 식용유 2와1/2컵

만드는 법

1. 다진 마늘과 고춧가루를 섞어 커피 여과지에 넣는다.
2. 깨끗이 씻은 대파뿌리, 대파는 키친타월 위에 올려 최대한 물기를 제거한 후 대파는 송송 썬다.
3. 중약불로 달군 팬에 식용유를 붓고 기름이 달구어지면 송송 썬 대파와 대파뿌리를 넣고 대파가 연한 갈색이 될 때까지 끓인다.
4. ③의 끓인 오일을 ①에 커피 내리듯이 고루 뿌려가며 내린다.
5. 식으면 소독한 용기에 부어 실온 보관한다.

Point

고춧가루는 끓이지 않고 뜨거운 기름을 부어 렌싱합니다. 고춧가루를 같이 넣고 끓이면 고춧가루가 타서 완성 시 쓴맛이 나기 쉬워요.

우리기

로즈마리, 타임, 마늘 등 허브 또는 채소를 오일에 넣어 우리면 신선한 향과 맛을 내는 오일로 변신합니다. 샐러드드레싱이나 오일절임 등에 이용하면 좋지요. 물기를 제거한 채소를 오일에 담가 서늘한 곳에서 2주 이상 우려내 사용하세요. 처음 3일 정도는 하루에 1~2번씩 흔들어줍니다.

NO. 45　　　　　　　　　　　　　　　　　**마늘페퍼론치노오일**

페페론치노와 마늘의 향이 오일에서 우러나와 잡내를 잡아야 하는 요리에 사용하기 좋습니다. 고기를 볶거나 생선을 구울 때 조금만 넣어도 누린내와 비린내를 잡아주지요. 마늘은 물기를 확실히 제거하고 사용하세요.

실온보관 | 20일　　　　**냉장보관** | 2개월
활용요리 | 육류와 해산물 마리네이드, 샐러드드레싱, 오일파스타 소스, 고기볶음용 오일 등

재료
마늘 15쪽, 페페론치노 8개, 올리브유 2와1/2컵

만드는 법
1　마늘은 꼭지를 떼어 2등분해 키친타월 위에 올려 수분을 최대한 제거한다.
2　소독한 용기에 물기를 제거한 마늘과 페페론치노를 넣고 올리브유를 붓는다.
3　서늘한 곳에서 2주 이상 우린다. 처음 3일간은 하루에 1~2번 흔들어준다.

Point
날씨가 25℃ 이상의 더운 날에는 우려낸 오일을 냉장고에 보관하세요. 사용 시에는 미리 실온에 두어 굳은 오일을 녹이세요.

끓이기

NO. 46   **홍고추마늘오일**

마늘 향이 나는 연한 붉은빛의 오일이에요. 고추와 마늘로 만들어 매운맛의 볶음요리에 즐겨 사용합니다. 붉은 컬러라 식욕을 자극하는 효과도 있지요. 입맛에 맞게 마늘과 양파를 추가해 넣어도 좋습니다.

실온보관	2개월
활용요리	나물무침 양념, 샐러드드레싱, 제육볶음 양념, 볶음우동 오일 등

Recipe

재료

홍고추 2개, 마늘 10쪽, 카놀라유 2와1/2컵

만드는 법

1. 깨끗이 씻은 홍고추는 0.3cm 두께로 송송 썰고 마늘은 0.3cm 두께로 편썬다.
2. 키친타월 위에 ①을 올리고 꾹꾹 눌러 최대한 물기를 제거한다.
3. 오목한 팬에 카놀라유를 넣고 달궈지기 시작하면 ②를 넣어 마늘이 갈색이 될 때까지 약불에서 끓여 식힌다.
4. 체에 걸러 소독한 용기에 부어 어두운 곳에 보관한다.

Point

홍고추와 마늘의 물기를 완전히 없애고 넣어야 기름이 튀지 않아요.

NO. 47 **대파페이스트오일**

오일에 볶은 대파의 달콤함과 향이 납니다. 어떤 요리와도 잘 어울리며 특히 고기나 생선에 미리 발랐다가 볶거나 구우면 맛있어요. 오일의 향을 더 내고 싶다면 마늘을 굵게 다지거나 편썰어 넣어줍니다.

실온보관	2주	냉장보관	2개월
활용요리	제육볶음&닭갈비&찜닭 양념, 차돌박이볶음 오일 등		

재료

대파 5대(500g), 다진 마늘 3큰술, 소금 1/2큰술, 후춧가루 약간, 포도씨유 2와1/2컵

만드는 법

1. 대파는 0.3cm 두께로 송송 썬다.
2. 팬에 송송 썬 대파, 다진 마늘, 포도씨유, 소금, 후춧가루를 넣고 끓기 시작하면 약불로 줄여 10분 정도 끓이고 불을 끈다.
3. 한 김 식으면 푸드프로세서 또는 믹서에 넣고 곱게 갈아준다.
4. 소독한 용기에 담고 냉장보관한다.

Point

대파는 기름에 넣고 약불로 끓여야 타지 않아요. 은은한 불에서 대파의 향을 우러나옵니다.

끓이기

끓이기

NO. 48   **깻잎양파오일**

양파와 깻잎의 향이 조화로운 오일입니다. 고기를 볶을 때 사용하면 프레시한 깻잎 향이 고기의 잡내를 잡고 입맛을 돋우지요. 대파나 마늘 등의 향채소를 넣어 향을 더욱 풍성하게 만들어도 좋아요.

실온보관	2개월
활용요리	간장불고기볶음&채소볶음 오일, 닭갈비 양념, 해산물요리 소스, 샐러드드레싱 등

재료
깻잎 10장, 양파 1개(200g), 카놀라유 2와1/2컵

만드는 법

1 깨끗이 씻은 깻잎과 양파는 키친타월 위에 올려 물기를 최대한 제거하고 0.3cm 두께로 썬다.

2 오목한 팬에 카놀라유를 넣고 달궈지기 시작하면 ①의 양파를 넣고 중약불에서 양파가 진한 갈색이 될 때까지 끓인 후 깻잎을 넣고 불을 끈다.

3 ②를 체에 걸러 소독한 용기에 부어 어둡고 서늘한 곳에 보관한다.

자색양파를 넣어 색다른 오일을 만들어보세요. 살짝 붉은빛이 우러나와 샐러드드레싱 오일로 안성맞춤이죠. 향, 맛, 색 모두를 잡을 수 있어요.

NO. 49	타임페퍼론치노오일
NO. 50	레몬로즈마리오일
NO. 51	로즈마리마늘오일

허브를 오일에 담가 각양각색의 오일을 만들었습니다. 로즈마리와 마늘, 레몬과 로즈마리, 타임과 페퍼론치노가 짝을 이루었지요. 서늘한 곳에서 2주 이상 우린 후 요리에 활용하세요.

실온보관 20일　**냉장보관** 2개월
활용요리 육류와 해산물 마리네이드, 샐러드드레싱, 올리브오일&채소오일 절임 등

Recipe

재료

타임페퍼론치노오일 타임 10cm 2줄기, 페페론치노 8개, 올리브유 2와1/2컵

레몬로즈마리오일 레몬 1/3개, 로즈마리 10cm 3줄기, 올리브유 2와1/2컵

로즈마리마늘오일 로즈마리 10cm 3줄기, 마늘 15쪽, 올리브유 2와1/2컵

만드는 법

1. 타임 또는 로즈마리는 깨끗이 씻어 키친타월 위에 올려 수분을 최대한 제거한다.
2. 마늘은 꼭지를 떼어 2등분하고, 레몬은 씨를 제거한 후 0.3cm 두께로 반달 모양으로 썬다. 페퍼론치노는 반 가른다.
3. 소독한 용기에 각각 타임과 페퍼론치노, 레몬과 로즈마리, 로즈마리와 마늘을 넣고 올리브유를 붓는다.
4. 서늘한 곳에서 2주 이상 우려낸다. 처음 3일간은 하루에 1~2번 흔들어준다.

Point

매운맛을 좋아하면 각각의 오일에 페퍼론치노나 베트남고추를 추가하세요. 페퍼론치노는 반 잘라 넣어야 매운맛이 빨리 우러나와요.

우리기

우리기

NO. 52   노란치자오일

치자의 노란빛이 오일을 물들여 음식을 더욱 먹음직스럽게 만들어줍니다. 색을 내는 부침개나 샐러드의 드레싱으로 활용해보세요. 오일만으로 요리에 포인트를 줄 수 있습니다.

실온보관	2개월
활용요리	만두구이&부침개&생선구이 등의 오일, 샐러드드레싱 등

Recipe

재료
치자 1개, 올리브유 2컵

만드는 법
1. 치자는 반으로 자른다.
2. 소독한 용기에 반 자른 치자를 넣고 올리브유를 붓는다.
3. 어둡고 서늘한 곳에 두고 3일 동안 하루에 2~3번씩 용기를 흔들어준다.
4. 일주일간 우려 사용한다.

Point

치자는 반 잘라 오일에 넣어야 색이 빨리 우러나와요. 자르지 않은 상태로 넣으면 색이 거의 나오지 않아요.

NO. 53　　**생강마늘오일**

향이 강해 요리에 직접 넣기 어려운 생강은 오일에 우리면 은은하게 즐길 수 있습니다. 마늘을 더하면 두 향이 시너지를 이루지요. 요리에 넣으면 감초 역할을 톡톡히 해줍니다.

실온보관	2개월
활용요리	고기볶음&생선구이&해산물 오일, 샐러드 드레싱 등

재료

생강 사방 3cm 1톨, 마늘 10쪽, 포도씨유 2와1/2컵

만드는 법

1. 생강과 마늘은 깨끗이 씻어 0.3cm 두께로 편썰어 키친타월 위에 올려 꾹꾹 눌러 물기를 최대한 없앤다.
2. 오목한 팬에 포도씨유를 넣고 달궈지면 ①의 생강과 마늘을 넣고 진한 갈색이 될 때까지 끓여 식힌다.
3. 체에 ②를 걸러 소독한 용기에 붓고 어두운 곳에 보관한다.

생강은 적은 양으로도 맛과 향이 강해 조금씩 사용해야 해요. 오일에 넣는 생강과 마늘의 비율은 1:10 정도로 잡으세요.

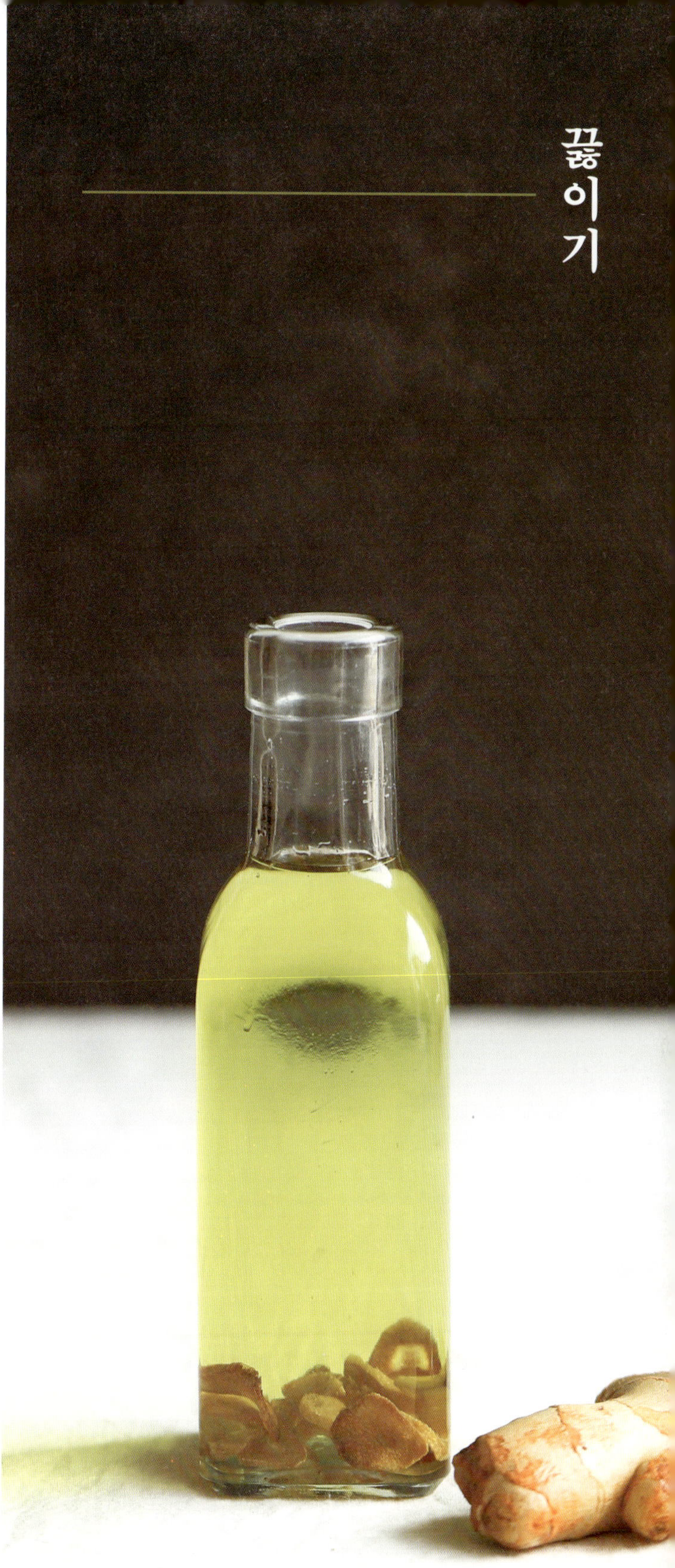

끓이기

끓이기

NO. 54　　양파카레오일

양파의 달콤함과 카레의 향이 나는 오일입니다. 카레의 그윽한 향이 재료의 냄새를 잡아주지요. 닭볶음탕, 닭갈비, 기름떡볶이 등에 넣으면 오일 향이 음식의 맛을 더욱 상승시켜줍니다.

실온보관	2개월
활용요리	볶음우동&떡볶이 양념, 고기볶음&생선구이 오일 등

재료

양파 2개(400g), 카레가루 1/2큰술, 카놀라유 2와 1/2컵

만드는 법

1. 양파는 키친타월에 올려 물기를 최대한 제거하고, 0.3cm 두께로 썬다.
2. 오목한 팬에 카놀라유를 넣고 달궈지면 채썬 양파를 넣고 중약불에서 진한 갈색이 될 때까지 끓여 한 김 식힌다.
3. ②에 카레가루를 넣고 잘 섞어 식힌다.
4. 체에 거른 후 소독한 용기에 붓고 어둡고 서늘한 곳에 보관한다.

카레가루는 꼭 불을 끄고 한 김 식힌 다음에 넣어요. 카레가루에는 밀가루 또는 쌀가루가 들어 있어 뜨거운 상태에 넣으면 카레가루가 타기 쉬워요.

NO. 55 **마늘페이스트오일**

음식에 빠지지 않고 들어가는 마늘로 오일을 만들었습니다. 마늘을 기름에 끓여 맵지 않아요. 마늘페이스트오일만 넣고 파스타를 만들어도 알리올리오 못지않은 파스타가 완성됩니다.

실온보관 2개월
활용요리 닭갈비&간장불고기&생선조림&제육볶음 오일, 오일파스타 소스 등

재료

마늘 2컵(160g), 소금 1/2큰술, 후춧가루 약간, 포도씨유 2컵

만드는 법

1. 마늘은 0.3cm 두께로 편썬다.
2. 팬에 편썬 마늘과 포도씨유, 소금, 후춧가루를 넣고 끓기 시작하면 약불로 줄여 5~10분 끓여 불을 끄고 그대로 식힌다.
3. 푸드프로세서 또는 믹서에 넣고 곱게 갈아준다.
4. 소독한 용기에 부어 냉장보관한다.

햇마늘이 아닌 깐 저장마늘로 만들 때는 마늘에 배인 냄새부터 제거하세요. 마늘을 반 갈라 물에 5분간 담갔다 체에 밭쳐 사용합니다.

끓이기

소보로볶음쌀국수

by 파뿌리대파고추오일

다진 소고기와 여러 가지 채소를 넣어 팟타이 맛을 낸 볶음 쌀국수입니다. 매운 파뿌리대파고추오일을 넣어 우리 입맛에 잘 맞지요. 팟타이가 생각날 때 집에서 간단하게 만들어 드세요. 피시소스와 레몬즙의 앙상블이 이국적인 맛을 내줍니다.

by 파뿌리대파고추오일

숙주버섯육개장

육개장은 손이 많이 가는 요리 중 하나죠. 소고기 대신 버섯을 넣고, 묵은 나물 대신 대파와 숙주를 넣어 간단하게 만들 수 있습니다. 여기에 파뿌리 대파고추오일을 넣어 얼큰하면서 칼칼한 국물맛을 더하지요. 저녁 메뉴나 명절요리로 추천합니다.

들깨달걀칼국수

by 대파페이스트오일

달걀만 있으면 쉽게 만들 수 있는 칼국수예요. 대파페이스트오일을 넣어 달걀의 비린 맛을 잡고 향을 더했지요. 고명으로 들깨가루, 김가루를 올리면 먹음직스러워요. 비오는 날 국물요리 생각날 때 간단하게 즐겨보세요. 소면으로 만들어도 좋아요.

by 홍고추마늘오일

꽈리고추알리올리오

알리올리오는 오일만으로 깔끔하게 즐기는 파스타입니다. 오늘은 홍고추 마늘오일을 이용해 매콤한 뒷맛이 느껴지는 파스타를 만들었습니다. 바지락, 모시조개를 넣어 맛있는 봉골레로도 변신 가능하지요. 간단한 점심 메뉴나 술안주로 제격이에요.

소보로볶음쌀국수

 BASE　NO.44 파뿌리대파고추오일　P172 참조

재료

쌀국수 1과1/2줌(100g), 다진 소고기 100g, 양파 1/2개(100g), 청경채 1개(50g), 숙주 1줌(50g), 대파 10cm, 달걀 2개, 파뿌리대파고추오일 2큰술, 다진 마늘·다진 땅콩·포도씨유 1큰술씩

밑간 맛술 1/2큰술, 간장·올리고당·다진 마늘 1작은술씩, 후춧가루 약간

소스 피시소스·설탕 1과1/2큰술씩, 굴소스·레몬즙·칠리소스 1큰술씩

만드는 법

1. 쌀국수는 물에 담가 30분 이상 불려 체에 밭쳐 물기를 뺀다.
2. 다진 소고기는 밑간 양념을 넣고 버무려 5분 정도 재운다.
3. 양파는 0.5cm 폭으로 채 썰고 청경채는 4~6등분 한다.
4. 중불로 달군 팬에 포도씨유를 두른 후 풀어둔 달걀을 넣고 스크램블을 만들어둔다.
5. ④의 팬에 파뿌리대파고추오일과 다진 마늘을 넣고 노릇하게 볶은 후 밑간한 소고기를 넣고 볶다가 소스 재료를 모두 넣고 볶는다.
6. ⑤에 쌀국수, 숙주, 청경채를 넣고 센 불에서 채소가 숨이 죽을 정도로 볶다가 달걀을 풀어 넣고 볶는다.
7. 그릇에 담고 다진 땅콩을 뿌려 완성한다.

오일에 다진 마늘 더하기
소고기를 볶기 전에 먼저 오일에 다진 마늘을 넣어 노릇하게 볶아주세요. 마늘의 향과 맛이 오일에 스며들어 고기를 볶았을 때 누린내를 잡을 수 있어요.

숙주버섯육개장

BASE　NO.44 파뿌리대파고추오일　P172 참조

재료

맛타리버섯 1줌(100g), 새송이버섯 1개(100g), 표고버섯 4개(80g), 만가닥버섯 1/2팩(50g), 무 1/5개(300g), 숙주 1줌(100g), 청양고추 1/2개, 대파 2대(200g)

육수 멸치 1컵, 다시마 5×5cm 2장, 물 8컵

버섯 양념 고춧가루 1과1/2큰술, 파뿌리대파고추오일·다진 마늘·국간장 1/2큰술씩

양념 국간장·참치액젓 1/2큰술씩, 소금 1/2작은술, 후춧가루 약간

만드는 법

1. 냄비에 육수 재료를 넣고 센 불에서 끓어오르면 5분 뒤 다시마를 건져내고 중약불로 낮춰 10~15분 끓여 육수를 만든다.
2. 각종 버섯과 무는 먹기 좋은 크기로 썰고 대파는 반 갈라 5cm 길이로 썬다. 청양고추는 0.3cm 폭으로 송송 썬다.
3. ②의 버섯에 버섯 양념을 넣고 조물조물 무친다.
4. 멸치육수가 완성되면 멸치를 건져내고 양념한 버섯과 무를 넣고 중불에서 무가 익을 때까지 끓이다 대파, 청양고추를 넣어 한소끔 끓인다.
5. 양념을 넣어 간을 하고 부족한 간은 소금으로 더한다.
6. 그릇에 담고 숙주를 올려 완성한다.

버섯은 미리 양념하기
버섯은 미리 양념을 해두어야 밋밋한 버섯에 색도 나고 간도 배어요. 또한 버섯은 오일 흡수가 빠르므로 오일을 넣을 때는 손에 묻혀 전체적으로 버무려주세요.

들깨달걀칼국수

BASE　　NO.47 대파페이스트오일　P177 참조

재료

생 칼국수 면 300g, 달걀 3개, 대파 10cm, 대파페이스트오일·국간장 1큰술씩, 참치액젓 1/2큰술, 다진 마늘 1작은술, 소금 1/5작은술

멸치육수　국물용 멸치 1컵(30g), 다시마 5×5cm 3장, 청주 1작은술, 물 8컵

고명　들깨가루·김가루 2큰술씩, 고춧가루 1큰술

만드는 법

1. 냄비에 멸치육수 재료를 넣고 센 불에서 끓어오르면 중약불로 줄여 5분 정도 끓인 후 다시마를 건져낸다. 10분 정도 더 끓인 후 멸치를 건져내어 멸치육수를 완성한다.
2. 달걀은 대파페이스트오일과 소금을 넣고 잘 푼다. 대파는 송송 썬다.
3. ①을 중불로 끓이다가 ②의 달걀물을 둘러가며 부어준 후 10초 정도 후에 젓는다.
4. 칼국수 면의 밀가루를 털어내고 ③에 넣어 3~5분 정도 끓인 후 대파와 국간장, 참치액젓, 다진 마늘을 넣는다.
5. 그릇에 담고 들깨가루, 고춧가루, 김가루를 고명처럼 올려낸다.

TIP

대파페이스트오일과 달걀 섞기
달걀의 비린맛을 잡을 때 주로 맛술이나 청주, 소주를 활용하죠. 이번에는 대파페이스트오일을 넣어보세요. 대파의 맛과 향이 달걀의 비린맛을 없애줘요.

꽈리고추알리오올리오

BASE　　NO.46 홍고추마늘오일　P176 참조

재료

카사레치아 2컵(160g), 마늘 12개(35g), 마늘종 2줄기(30g), 방울토마토 4개(40g), 꽈리고추 8개(80g), 페페론치노 2개, 올리브유 6큰술, 그라노파다노치즈 3큰술(15g), 홍고추마늘오일 2큰술, 소금 2/3작은술, 면 삶은 물 1/3컵

닭육수 2와1/2컵　닭다리 1개, 양파 1/4개, 월계수 잎 1장, 통후추 2알, 물 3컵

면 삶기　소금 1큰술, 물 1과1/2리터

만드는 법

1. 냄비에 닭육수 재료를 넣고 센 불에서 끓인다. 한소끔 끓어오르면 중약불로 줄여 15분 정도 더 끓인 후 체에 밭쳐 육수를 받는다.
2. 마늘과 방울토마토는 꼭지를 떼어 반으로 자르고 마늘종은 양쪽 끝부분만 잘라내고 0.5cm 길이로 송송 썬다. 꽈리고추는 큰 것만 반 자른다.
3. 냄비에 소금을 푼 물을 넣고 끓어오르면 카사레치아를 넣어 삶는다. 포장지에 적힌 시간보다 2분 정도 덜 삶아 체에 밭쳐 물기를 뺀다. 이때 면 삶은 물은 다 버리지 말고 1/3컵 정도 따로 담아 덜어놓는다.
4. 중약불로 달군 팬에 올리브유 6큰술을 넣고 반 자른 마늘을 넣어 노릇하게 볶은 뒤 마늘종을 넣어 볶는다.
5. ④에 닭육수 2와1/2컵과 미리 덜어둔 면 삶은 물 1/3컵, 소금, 페퍼론치노를 반 잘라 넣고 끓이다가 센 불에서 삶은 카사레치아를 넣어 한 번 더 끓인다.
6. 국물이 반으로 졸아들면 홍고추마늘오일과 방울토마토, 꽈리고추를 넣어 볶아낸다.
7. 접시에 파스타를 담고 그라노파다노치즈를 뿌려 완성한다.

허브오일에 절인 모짜렐라치즈

―――――――――― by 레몬로즈마리오일

프레시 모짜렐라치즈와 레몬로즈마리오일, 후춧가루만 있어도 맛있는 치즈 요리를 만들 수 있습니다. 레몬의 상큼함과 치즈의 고소함, 그리고 레몬로즈마리오일의 풍미 좋은 한 접시가 완성되지요. 와인 한 잔과 곁들이기 좋아요.

--- BASE

NO.50 레몬로즈마리오일 P179 참조

재료

프레시 모짜렐라치즈 1봉(150g), 레몬 2/3개, 딜 1줄기, 레몬로즈마리오일 3큰술, 소금 1/5작은술, 후춧가루 약간

만드는 법

1. 프레시 모짜렐라치즈는 1cm 두께로 썰고 레몬은 1/2개는 모양대로 0.3cm 폭으로 슬라이스한다.
2. 접시에 프레시 모짜렐라치즈와 레몬 슬라이스를 번갈아가며 담는다.
3. ②에 레몬로즈마리오일 3큰술과 소금, 후춧가루를 뿌린다.
4. 그 위에 남은 레몬의 노란 껍질을 치즈그라인더에 갈아 뿌리고 과육은 즙을 짜서 뿌린다.
5. 딜을 올려 완성한다.

TIP

부라타치즈, 보코치니 치즈 이용하기

부라타치즈 또는 보코치니치즈로 만들어도 좋아요. 대부분의 치즈가 레몬로즈마리오일과 잘 어울려요. 레몬은 오렌지나 귤, 유자로 대체 가능합니다.

채썬 양파 올린 차돌박이볶음

by 대파페이스트오일

대파페이스트오일에 볶아낸 차돌박이는 느끼한 맛이 덜하지요. 양파채를 수북이 깔고 그 위에 차돌박이볶음을 올렸습니다. 오리엔탈드레싱을 뿌린 샐러드도 함께 내지요. 차돌박이볶음을 양파채, 골드키위샐러드와 함께 즐기세요.

by 깻잎양파오일

파프리카피망잡채

중국집에 고주잡채가 있다면 우리집에는 파프리카피망잡채가 있습니다. 파프리카와 피망으로 만들어 매운맛보다 단맛이 나는 잡채예요. 돼지고기와 파프리카만 있다면 깻잎양파오일을 넣고 볶으세요. 맵지 않아 아이들도 함께 즐기기 좋아요.

잭치즈 넣은 올리브절임 ——————————————— by 로즈마리마늘오일

블랙올리브, 그린올리브, 잭치즈, 페퍼론치노를 로즈마리마늘오일에 담가 오일절임을 만들었어요. 향 좋은 로즈마리마늘오일이 올리브, 치즈와 어우러져 풍미가 좋지요. 끝맛에 느껴지는 페퍼론치노의 매콤함도 느껴보세요.

by 노란치자오일

미니해물파전

여러 가지 해물과 쪽파를 반죽에 넣고 노란치자오일에 지져냈어요. 노란색의 치자오일이 미니해물파전의 색을 더욱 먹음직스럽게 만들어줍니다. 작은 크기의 파전이라서 만들기도 쉽고 술안주, 손님 초대요리, 명절요리 등 여기저기 상차림에도 잘 어울립니다.

채썬 양파 올린 차돌박이볶음

BASE　　NO.47 대파페이스트오일　P177 참조

재료

차돌박이 300g, 양파 1/2개(100g), 어린잎샐러드 1줌(50g), 골드키위 2개, 대파페이스트오일 1큰술
고기 밑간 간장·올리고당·맛술 1작은술씩, 다진 마늘 1/2작은술, 후춧가루 약간
드레싱 올리브유·간장 2큰술씩, 레몬즙·화이트식초·꿀 1큰술씩, 맛술 1/2큰술, 다진 청양고추 1작은술, 다진 마늘 1/2작은술, 후춧가루 약간

만드는 법

1. 차돌박이는 고기 밑간 재료에 10분 정도 재운다.
2. 양파는 2cm 길이로 얇게 채썰어 찬물에 담가두고 어린잎샐러드는 찬물에 담가 헹궜다가 체에 밭친다. 골드키위는 껍질을 벗겨 6등분한다.
3. 볼에 드레싱 재료를 모두 넣어 잘 섞는다.
4. 중불로 달군 팬에 밑간한 차돌박이와 대파페이스트오일을 넣고 고기가 익을 때까지 볶는다.
5. 접시에 양파채를 담고 그 위에 차돌박이볶음을 올린다. 다른 접시에 어린잎샐러드와 골드키위를 드레싱과 함께 곁들여낸다.

TIP 대파페이스트오일로 고기 볶기
차돌박이는 자체에 기름이 많지만 그냥 볶으면 자칫 지방의 누린내가 나기 쉽지요. 대파페이스트오일을 넣고 함께 볶으면 고기에 대파의 은은한 향이 배어들어요.

파프리카피망잡채

BASE　　NO.48 깻잎양파오일　P178 참조

재료

잡채용 돼지고기 200g, 파프리카 1/2개(100g), 피망 1/2개(100g), 양파 1/2개(100g), 감자전분 3큰술, 깻잎양파오일 1큰술, 고추기름 1/2큰술, 통깨 1작은술, 참기름 1/2작은술, 꽃빵 6개
밑간 청주 1큰술, 간장 1/2큰술, 다진 마늘 1/2작은술, 소금 약간
양념 간장 1큰술, 올리고당 1/2큰술, 참기름 1작은술, 다진 마늘·다진 생강 1/2작은술, 후춧가루 약간

만드는 법

1. 파프리카, 피망, 양파는 0.5cm 폭으로 채썬다.
2. 볼에 양념 재료를 모두 넣고 섞는다.
3. 돼지고기는 키친타월로 감싸 핏물을 없애고 밑간하여 5~10분 정도 두었다가 위생팩에 감자전분과 함께 넣고 가볍게 흔들어 고기에 전분을 묻힌다.
4. 꽃빵은 김 오른 찜기에 올린 후 5분 정도 찐다.
5. 팬에 깻잎양파오일과 고추기름을 둘러 전분을 묻힌 돼지고기를 넣고 볶다가 고기가 익으면 파프리카와 피망, 양파, 양념을 넣고 센 불에서 빠르게 볶아낸다.
6. 불을 끄고 통깨와 참기름을 뿌려 완성한다.

TIP 고기는 중불에서, 채소는 센 불에서 볶기
잡채에 들어가는 고기와 채소는 불세기를 다르게 조절해야 합니다. 전분을 묻힌 고기는 중불에서 볶고, 고기가 다 익으면 센 불로 올려 채소와 양념을 빠르게 볶아주세요.

잭치즈 넣은 올리브절임

BASE — NO.51 로즈마리마늘오일 P179 참조

재료

블랙올리브 · 그린올리브 10개씩, 잭 치즈 2.5cm 1토막, 타임 10cm 1줄기, 부순 페퍼론치노 1/2작은술, 로즈마리마늘오일 1컵

만드는 법

1 올리브는 체에 받쳐 수분을 최대한 제거한다.
2 잭 치즈는 사방 1.5cm 큐브 모양으로 자른다.
3 소독한 병에 ①과 ②, 타임, 갈은 페퍼론치노를 넣고 로즈마리마늘오일을 붓는다.
4 3일간 숙성시킨 후 먹는다.

TIP 오래 보관하려면 잭 치즈 빼고 만들기
오일절임에 치즈를 넣으면 보관기간이 짧아져요. 보름 이상 보관해두고 먹고 싶다면 치즈는 따로 구비해두었다가 즉석에서 추가해 올리브절임과 함께 즐겨요.

미니해물파전

BASE — NO.52 노란치자오일 P180 참조

재료

믹스 해물 1컵(200g), 쪽파 30줄기(150g), 홍고추 1/2개, 달걀 1개, 노란치자오일 5큰술,
해물 밑간 청주 1작은술, 다진 마늘 1/2작은술, 후춧가루 약간
반죽 부침가루 · 물 1/2컵씩
초간장 간장 1큰술, 식초 1작은술

만드는 법

1 쪽파는 씻어 물기를 빼고 8cm 길이로 썰고 홍고추는 0.3cm 폭으로 송송 썰어 씨를 털어낸다.
2 볼에 해물 밑간 재료와 믹스 해물을 넣어 섞는다.
3 볼에 반죽 재료를 섞고 달걀은 성글게 풀어놓는다. 따로 초간장도 만들어둔다.
4 중불로 달군 팬에 노란치자오일을 두른 후 반죽에 쪽파를 넣어 반죽옷을 입힌 후 10cm 폭으로 넓게 펼친다.
5 ④ 위에 밑간한 해물과 달걀물 2큰술, 송송 썬 홍고추를 올린 뒤 밑면이 노릇해지면 뒤집는다. 아래쪽이 평평해지도록 뒤집개로 살짝 눌러주고 다시 한 번 뒤집어 굽는다.
6 접시에 담고 초간장을 곁들여낸다.

TIP 노란치자오일과 들기름 섞기
부침개를 할 때 약간의 들기름을 넣으면 더 고소한 부침개를 만들 수 있어요. 단 들기름은 발연점이 낮으므로 너무 많이 넣으면 타면서 발암물질이 나올 수 있으니 주의하세요.

뼈 없는 닭갈비

by 마늘페이스트오일

닭다리살로 만든 매콤달콤 닭갈비입니다. 양념에 마늘페이스트오일을 넣어 깔끔한 닭갈비를 만들 수 있어요. 양배추, 양파, 대파, 깻잎, 고구마 등 여러 가지 재료를 넣어 만들면 푸짐한 저녁 한상을 차릴 수 있습니다.

── BASE ──
NO.55 마늘페이스트오일 P183 참조

재료

닭다리살 정육 1팩(300g), 고구마 1/2개(100g), 양파 1/2개(100g), 대파 2대(200g), 양배추 1/8통(100g), 깻잎 10장, 올리브유 1큰술

양념장 고추장 3과1/2큰술, 고춧가루 3큰술, 간장·올리고당 2와1/2큰술씩, 마늘페이스트오일·청주·맛술 1큰술씩, 설탕·참기름 1/2큰술씩, 다진 생강 1/2작은술, 후춧가루 약간

닭고기 밑간 청주 1큰술, 다진 마늘 1작은술, 다진 생강 1/3작은술, 후춧가루 약간

만드는 법

1. 볼에 양념장 재료를 모두 넣고 섞어 양념장을 만든다.
2. 닭다리살은 한입크기로 썰어 10분간 밑간한 후 ①의 양념장 1/2를 넣어 다시 10분 정도 재운다.
3. 고구마는 0.5cm 두께로 납작하게 썰고 양파는 0.5cm 폭으로 채썬다. 대파는 반 갈라 5cm 길이로 썬다.
4. 양배추와 깻잎은 굵게 채썰어 준비한다.
5. 중약불로 달군 팬에 올리브유를 두른 후 양념한 닭다리살과 고구마를 넣고 타지 않게 익힌다.
6. ⑤의 닭다리살이 반쯤 익으면 채소와 나머지 양념을 넣어 중불에서 닭고기가 다 익을 때까지 볶아 완성한다.

TIP

고추장 줄이고 고춧가루 늘리기

고추장의 양을 줄이고 고춧가루 양을 늘리면 매콤한 맛이 강해집니다. 고추장을 넣으면 약간 텁텁해지므로 고추장보다 고춧가루의 양을 늘리고, 간장의 짠맛을 약간 늘려주세요.

감바스알아히요

by 마늘페퍼론치노오일

감바스는 마늘, 새우, 오일만 있다면 누구나 쉽게 만들 수 있는 메뉴입니다. 오늘은 마늘페퍼론치노오일을 이용해 감바스를 만들었습니다. 마늘의 매운 맛이 더 깊게 배어나와 입맛을 당기지요. 빵에 곁들여 와인과 함께 먹으면 어떤 안주보다 맛있습니다.

by 타임페퍼론치노오일

가리비화이트와인찜과 고추마늘오일

가리비에 타임페퍼론치노오일과 화이트와인을 넣고 찌듯이 익혀낸 해산물요리예요. 타임페퍼론치노오일로 만든 고추마늘소스에 가리비 찜을 찍어 드세요. 손님초대 요리로 내기 좋아요.

카레기름떡볶이

by 양파카레오일

특별한 떡볶이가 먹고 싶을 때 추천하는 메뉴입니다. 양파카레오일에 마늘과 파를 넣고 볶다가 갖은 양념으로 밑간한 떡을 버무리듯 볶아내 그 맛이 일품이지요. 은은한 카레 향과 매콤함과 쫄깃함 모두 맛볼 수 있어요.

by 마늘페이스토오일

호두아몬드바싹멸치볶음

냉장고에 넣어두고 마지막까지 바삭하게 즐길 수 있는 멸치볶음입니다. 멸치를 마늘페이스토오일로 볶아 비린 맛이 전혀 없지요. 밥반찬으로 먹어도 맛있고 김밥이나 주먹밥의 속재료로 넣어도 맛있어요.

감바스알아히요

BASE　NO.45 마늘페퍼론치노오일　P174 참조

재료

새우 10마리(300g), 마늘 10쪽, 홍고추 1/2개, 마늘페퍼론치노오일 2/3컵, 다진 이탈리아파슬리 1작은술, 케이퍼 1/2작은술, 빵 4조각

만드는 법

1. 새우는 물에 한 번 헹구어 체에 밭쳐 물기를 뺀다.
2. 마늘 2쪽은 굵게 다지고 8쪽은 얇게 편썬다. 홍고추는 0.2cm 폭으로 송송 썬다.
3. 팬에 마늘페퍼론치노오일과 ②의 마늘을 넣고 약불에서 마늘 향이 우러나도록 노릇할 때까지 끓인다.
4. ③에 새우를 넣어 색이 나면 케이퍼와 송송 썬 홍고추를 넣고 30초간 더 끓여낸다.
5. 그릇에 담고 다진 이탈리아파슬리를 뿌리고 빵을 곁들인다.

가리비화이트와인찜과 고추마늘오일

BASE　NO.49 타임페퍼론치노오일　P179 참조

재료

가리비 20개(2kg), 화이트 와인 1/4컵, 마늘 3쪽, 타임페퍼론치노오일 3큰술, 굵은 소금 2큰술
타임페퍼론치노오일 고추마늘소스 타임페퍼론치노오일 2큰술, 레몬즙 1큰술, 다진 마늘·다진 청고추 1/2큰술씩, 부순 페퍼론치노 1/3작은술, 소금 1/6작은술, 후춧가루 약간

만드는 법

1. 가리비가 잠길 정도의 물에 굵은소금 2큰술을 풀고 검정비닐 또는 뚜껑을 덮어 30분~1시간 해감한다.
2. 볼에 타임페퍼론치노오일 고추마늘소스 재료를 모두 넣고 섞어둔다.
3. 중약불로 달군 팬에 타임페퍼론치노오일을 두르고 마늘을 칼등으로 으깨 넣는다. 센 불에서 가리비와 화이트와인을 넣어 알코올이 날아갈 때까지 끓여 뚜껑을 닫고 2분간 둔다.
4. 뚜껑을 열어 가리비를 뒤집고 다시 뚜껑을 닫아 2분 정도 끓인다. 불을 끄고 잔열로 2분간 뜸들여 마무리한다.
5. 접시에 담고 준비한 타임페퍼론치노오일 고추마늘소스를 곁들인다.

오일에 마늘을 넣고 충분히 끓이기 TIP
마늘페퍼론치노오일에 편썬 마늘, 굵게 다진 마늘을 넣고 약불에서 마늘이 노릇해질 때까지 끓여주세요. 충분히 끓이지 않으면 마늘의 향이 덜 우러나와요.

고추마늘소스 TIP
오일에 여러 가지 향 채소를 넣어 고추마늘소스를 만들어보세요. 마늘, 청고추 외에 양파, 다진 깻잎, 다진 참나물 등 다양한 향채소를 섞어보세요.

카레기름떡볶이

BASE　　NO.54 양파카레오일　P182 참조

재료
떡볶이 떡 200g, 쪽파 1줄기, 양파카레오일 2큰술, 다진 대파 1/2큰술, 다진 마늘 1작은술
밑간 양념　간장 1과1/2큰술, 올리고당·고춧가루 1큰술씩, 설탕·참기름 1/2큰술씩

만드는 법
1. 떡볶이 떡은 끓는 물에 넣어 떡이 위로 떠오르면 30초 후 건져 찬물에 헹궈 체에 밭친다. 쪽파는 0.3cm 폭으로 썬다.
2. 볼에 헹군 떡볶이 떡과 밑간 양념을 넣고 버무린다.
3. 중약불로 달군 팬에 양파카레오일과 다진 파, 다진 마늘을 넣고 노릇하게 볶다가 ②의 밑간한 떡볶이 떡을 넣고 버무리듯 볶는다.
4. 접시에 담고 송송 썬 쪽파를 올려낸다.

TIP 강한 향을 원하면 카레가루 추가하기
양파카레오일을 넣고 조리했을 때 카레의 맛과 향이 약하게 느껴진다면 카레가루 1작은술을 추가해 볶으세요. 너무 많은 양의 카레를 넣으면 간이 짜지기 쉬워요.

호두아몬드바싹멸치볶음

BASE　　NO.55 마늘페이스트오일　P183 참조

재료
잔멸치 2컵(80g), 견과류(호두&아몬드) 1/2컵, 청양고추 1/2개
양념　마늘페이스트오일·맛술·올리브유 1큰술씩, 설탕 1과1/3큰술, 참기름 1/2큰술, 다진 파 1작은술, 간장 1/2작은술, 후춧가루 약간

만드는 법
1. 청양고추는 곱게 다진다.
2. 약불로 달군 팬에 견과류를 볶아낸 후 잔멸치를 넣고 수분이 날아갈 때까지 볶아 차갑게 식힌다.
3. 팬에 양념 재료를 모두 넣고 중불에서 부르르 양념이 끓어오르면 볶아둔 견과류와 잔멸치를 넣고 한 번 더 볶는다.
4. 다진 청양고추를 넣고 살짝 볶아 마무리한다.

TIP 양념은 한 번 끓여 넣기
마늘페이스트오일과 양념 재료를 넣고 부르르 끓여주세요. 설탕을 녹이고, 간장 등의 다른 재료와 오일이 어우러지는 시간이 필요합니다. 오랫동안 바삭한 멸치볶음을 맛보는 비결입니다.

백순대볶음

고소한 들깨가루를 넣어 만든 백순대볶음입니다. 생강마늘오일에 채소와 순대를 볶아 먹을 때마다 은은한 향이 느껴져요. 매운 순대볶음도 맛있지만 들깨가루를 듬뿍 넣은 순대볶음도 맛있어요. 술안주, 손님초대 요리로 추천합니다.

by 생강마늘오일

BASE
NO.53 생강마늘오일 P181 참조

재료

순대 15cm(200g), 양배추 1/6통(200g), 당근 1/4개(70g), 양파 1/2개(100g), 깻잎 20장, 대파 흰부분 10cm, 청양고추·홍고추 1/2개씩, 마늘 2쪽, 들깨가루·물 3큰술씩, 생강마늘오일 2큰술, 간장·맛술 1/2큰술씩, 소금 1/3작은술, 후춧가루 약간

만드는 법

1. 순대는 내열용기에 넣고 전자레인지에 1분 정도 돌린 후 한 김 식혀 2cm 두께로 썬다.
2. 양배추와 당근은 1cm 폭, 5cm 길이로 썰고 양파는 0.5cm 폭으로 썬다. 대파는 반 갈라 5cm 길이로 썬다.
3. 깻잎 15장은 반 잘라 포개 2cm 폭으로 채썰고 5장은 돌돌 말아 0.3cm 폭으로 채썬다. 청양고추와 홍고추는 송송 썰고 마늘은 얇게 편 썬다.
4. 중불로 달군 팬에 생강마늘오일을 두른 후 당근, 양파, 대파, 마늘을 넣고 볶다가 양배추와 물 3큰술을 넣어 볶는다.
5. 채소가 살짝 숨이 죽으면 순대와 청양고추, 홍고추, 2cm 폭의 깻잎, 들깨가루, 간장, 맛술, 소금과 후춧가루를 넣고 한 번 버무리듯 센 불에서 30초 정도 볶아 완성한다.
6. 접시에 담고 0.3cm 폭으로 곱게 채썬 깻잎을 올린다.

TIP

생강마늘오일 속 건지도 사용하기
생강마늘오일 병 속에 담긴 생강과 마늘 건지도 버리지 말고 요리에 사용하세요. 으깨 넣거나 그대로 넣으면 향이 더 좋은 요리를 만들 수 있어요.

PICKLE & COOKING

채소나 과일에 각종 식초, 설탕, 소금, 향신료를 섞어 넣어 만든 절임입니다. '서양식 김치'라 불리기도 하는데 만들기 간단하고 다른 저장식에 비해 보존기간도 길어 동서양에서 인기를 모으는 저장법이지요. 피클뿐 아니라 먹고 남은 피클물도 샐러드드레싱이나 냉국 등에 식초 대용으로 사용하면 부드러운 신맛을 내줍니다.

종류

식초 o r 오일 or 와인피클

피클의 원리는 보관 시 재료의 신선도를 떨어뜨리는 식재료 속 수분을 높은 농도의 매개체로 빼내는 것입니다. 식초, 오일, 와인, 간장 등이 대표적인 매개체이지요. 최근에는 레몬즙, 귤즙, 유자즙 등 신맛 나는 다양한 과일즙으로 만든 피클도 등장 중입니다.

재료

채소 또는 과일+피클물

피클의 핵심 재료는 단단한 채소 또는 과일과 피클물입니다. 피클물은 식초, 오일, 간장 등의 매개체와 설탕, 소금 같은 조미료, 통후추, 피클링스파이스 등의 향신채로 구성됩니다. 여기에 카레가루, 고춧가루, 파프리카가루 등을 섞어 색과 향에 차이를 줍니다.

만들기

식초 선택하기

주재료인 채소의 특징을 살펴 식초를 매칭합니다. 주재료의 맛이 밋밋하다면 향이 나는 과일식초를 넣고 반대로 주재료의 맛을 살리고 싶다면 향이 적은 곡물식초를 넣습니다. 레드와인, 화이트와인으로도 피클을 만들 수 있습니다.

식초 베이스

식초 베이스의 피클물을 팔팔 끓여 채소에 붓는 기본 피클입니다. 아삭한 식감의 비결은 채소 크기에 따라 달라지는 피클물의 온도에 있지요. 자르지 않고 그대로 넣는 열매채소나 두껍게 자른 채소라면 뜨거운 상태의 피클물을, 잘게 썬 채소라면 식힌 피클물을 붓습니다.

NO. 56

청귤청무피클

무와 청귤청을 넣어 만든 새콤한 피클입니다. 고기를 싸 먹는 무쌈처럼 즐기거나 냉면 위에 올리는 절임무 또는 김밥 안의 단무지 등 다양한 요리에 활용 가능하지요. 청귤청과 어우러진 아삭한 무의 식감이 좋아요.

냉장보관 1개월
활용요리 고기 쌈, 비빔냉면 고명, 삼겹살김밥 속재료 등

재료
무 15cm(1/2개), 페퍼론치노 3개, 딜 2줄기
피클물 현미식초 1과1/3컵, 물 1과1/2컵, 청귤청 1컵, 설탕 2큰술, 소금 1작은술, 다시마 5×5cm 1장, 월계수 잎 1장

만드는 법

1. 무는 껍질을 벗겨 모양대로 채칼을 이용해 0.5cm 두께로 슬라이스한다.
2. 소독한 용기에 ①의 무와 페퍼론치노, 딜을 넣어준다.
3. 팬에 월계수 잎을 살짝 굽는다.
4. 냄비에 피클물 재료를 넣고 중불에서 부르르 끓어오르면 다시마는 건지고 한 김 식혀 ②에 피클물을 부어 냉장보관한다.
5. 3일 후 피클물만 따라내어 한 번 더 끓였다가 완전히 식으면 다시 붓고 일주일간 숙성시킨다.

피클용 무는 너무 얇지 않게 슬라이스해야 맛이 들어 아삭아삭한 식감을 즐길 수 있어요.

식초 + ㄹ

과일식초, 곡물식초, 과실식초 등 다양한 식초로 피클에 변화를 주세요. 파프리카 가루, 고춧가루, 카레가루 등 약간의 파우더를 섞기만 해도 색다른 피클이 완성됩니다. 가루 외에도 각종 청이나 조미료를 더해 피클의 개성을 살릴 수 있어요.

NO. 57 숙주고추피클

평소 나물로 즐기던 숙주에 베트남고추와 고춧가루를 넣어 칼칼한 피클로 만들었습니다. 숙주의 아삭한 식감이 별미이지요. 숙주만 건져 양념에 버무려도 특별한 맛입니다. 볶음밥 속재료로도 강추합니다. 피클용 숙주는 통통하고 굵은 숙주를 사용해야 식감이 좋아요.

냉장보관 | 14일
활용요리 | 해물볶음밥&볶음쌀국수&대패삼겹살숙주볶음 등의 속재료

Recipe

재료

숙주 1봉지(250g)

피클물 사과식초 2/3컵, 물 1과1/2컵, 설탕 1/2컵, 매실청 1/4컵, 베트남고추 3개, 고춧가루 1작은술, 통후추 3알

만드는 법

1. 숙주는 씻어 체에 밭쳐 물기를 제거해 소독한 용기에 넣는다.
2. 냄비에 피클물 재료를 붓고 중불에서 부르르 끓어오르면 뜨거운 상태 그대로 ①에 붓는다.
3. 용기의 뚜껑을 덮고 뒤집어 완전히 식혀 냉장고에서 하룻동안 숙성시킨다.
4. 2일 후 피클물만 따라내어 바글바글 끓였다가 다시 완전히 식혀 부은 뒤 냉장고에 두고 하루이틀 후부터 먹는다.

숙주는 다른 채소들과 달리 피클물이 뜨거울 때 바로 부어줍니다. 그래야 숙주의 비린 맛이 사라져요.

식초 + 오일

즉석에서 즐기는 샐러드처럼 채소에 오일과 식초만 섞어 간단한 피클을 만듭니다. 빠른 시간 내에 피클을 맛볼 수 있는 이점이 있지요. 드레싱을 만들 듯 식초와 오일, 꿀, 소금 등을 넣고 피클물을 만드세요.

NO. 58　　　　　　　　　　**오이보코치니오일피클**

보코치니치즈를 편썬 오이에 돌돌 말아 오일과 식초에 절였습니다. 샐러드처럼 즉석에서 바로 만들어 먹기 좋지요. 오이 대신 당근을 슬라이스해 만들어도 색달라요. 새콤달콤한 피클의 맛에 어우러진 고소한 치즈의 맛이 특별합니다.

냉장보관 | 3일
활용요리 | 채소샐러드 토핑, 부리또&퀘사디아 속재료 등

재료
오이 2개(400g), 보코치니치즈 12개
피클물 올리브유 8큰술, 화이트식초 7큰술, 꿀 4큰술, 타임 2줄기, 소금 1/4작은술, 후춧가루 약간

만드는 법
1. 오이는 감자칼을 이용하여 얇고 길게 슬라이스한다.
2. ①을 펴고 그 위에 보코치니치즈를 올려 돌돌 말아준다.
3. 볼에 피클물 재료를 넣고 잘 섞는다.
4. 소독한 용기에 돌돌 말은 보코치니치즈를 넣고 피클물을 붓는다.
5. 반나절 또는 하루 정도 후부터 먹는다.

Point
바질이나 말린 오레가노도 오일피클과 잘 어울려요. 약간만 추가해도 맛과 향이 사뭇 다릅니다.

식초 + 와인

보랏빛의 와인피클은 컬러만큼이나 맛도 특별합니다. 알코올이 들어가 피클의 보존기간도 더 늘어나지요. 피클물에 와인을 넣을 때는 반드시 알코올이 날아갈 때까지 끓여주세요. 자칫 알코올 향이 남아있으면 피클의 맛을 방해하기 쉬워요.

NO. 59 　　　　　**미니양배추당근레드와인피클**

미니양배추와 미니당근의 알록달록한 조화가 돋보입니다. 미니양배추를 통째로 넣고 뜨거운 피클물을 부어 아삭한 식감이 뛰어나지요. 미니당근이 없다면 어린당근이나 일반 당근을 작게 잘라 넣으세요.

냉장보관 1개월
활용요리 달걀샌드위치& 감자고로케&유부초밥 등의 속재료

재료

미니양배추 20개(400g), 미니당근 10개(100g)

피클물 레드와인 1/4컵, 식초 2/3컵, 물 1컵, 설탕 1/2컵, 피클링스파이스 1/2작은술

만드는 법

1. 미니양배추와 미니당근은 씻어 물기를 제거한다.
2. 소독한 용기에 ①의 미니양배추, 미니당근을 넣는다.
3. 냄비에 피클물 재료를 넣고 중불에서 부르르 끓어오르면 불을 끄고 뜨거울 때 ②에 붓는다. 뚜껑을 닫고 뒤집어 완전히 식으면 냉장고에 보관한다.
4. 2~3일 후 피클물만 따라내어 바글바글 끓였다가 완전히 식힌 후 다시 부어 냉장고에 넣는다. 5일 후부터 먹는다.

Point 더 빨리 피클을 맛보고 싶다면 미니양배추를 반 갈라 피클물에 담그세요. 하루면 맛볼 수 있습니다.

식초 베이스

NO. 60   **버섯파프리카피클**

버섯의 쫄깃한 식감이 여느 피클과는 다른 맛을 느끼게 해줍니다. 건지만 꺼내 양념에 무쳐 밥상에 올려도 좋고 김밥이나 주먹밥 속재료로 사용해도 맛있지요. 여러 가지 버섯을 함께 섞어 만들어도 좋습니다.

냉장보관 14일
활용요리 피자&쫄면 토핑, 채소김밥 속재료 등

Recipe

재료
표고버섯 · 양송이버섯 3개씩, 미니새송이버섯 1컵, 파프리카 1개(200g), 크러쉬드레드페퍼 1/2작은술
피클물 파인애플식초 1과1/4컵, 물 2컵, 설탕 1컵, 피클링스파이스 1작은술, 소금 1/2큰술, 다시마 5×5cm 1장, 월계수 잎 1장

만드는 법

1. 표고버섯과 양송이버섯은 밑동을 제거하고 모양대로 0.5cm 두께로 썬다. 미니새송이버섯은 더러운 부분을 키친타월로 닦아낸다.
2. 파프리카는 폭 2cm, 길이 4cm 크기로 썬다.
3. 소독한 병에 버섯을 밑에 부분에 먼저 넣고 윗부분에 파프리카를 넣는다.
4. 냄비에 피클물 재료를 넣고 중약불에서 설탕이 녹을 때까지 끓인 후 다시마는 건지고 뜨거울 때 ③에 부어 한 김 식혀 뚜껑을 닫는다.
5. 3일 후 피클물만 따라내어 한 번 더 끓여 완전히 식혀 다시 붓고 냉장보관한다. 일주일 후부터 먹는다.

Point

피클용 버섯은 물에 씻는 대신 키친타월로 닦아냅니다. 버섯에 물기가 많으면 피클을 만들었을 때 맛이 덜해요.

NO. 61 　　　래디시레몬
　　　　　　화이트식초피클

래디시의 붉은빛이 피클물에 우러나와 색이 예쁜 피클입니다. 약간의 단맛을 넣으면 맛이 풍부해지는데 올리고당 대신 매실청, 과일청도 잘 어울려요. 냉면 위에 올리는 절임무, 김밥 속 단무지 대용으로 사용하세요.

실온보관 1개월
활용요리 비빔국수&미역냉국 고명, 냉국 국물, 골뱅이무침 속재료 등

Recipe

재료
래디시 15개(500g), 레몬 1/2개
피클물 화이트식초 2/3컵, 물 1컵, 설탕 1/2컵, 올리고당 2큰술, 피클링스파이스 1작은술

만드는 법
1. 래디시는 잔뿌리를 제거하고 모양대로 0.5cm 두께로 슬라이스한다.
2. 레몬은 굵은소금으로 문질러 깨끗이 씻고 베이킹소다를 푼 물에 10분간 담갔다가 물기를 제거한 뒤 웨지모양으로 자른다.
3. 소독한 유리병에 래디시와 레몬을 넣는다.
4. 냄비에 피클물 재료를 넣고 중약불에서 설탕이 녹을 때까지 끓여 한 김 식혀 붓는다. 뚜껑을 닫아 식힌 후 냉장보관한다.
5. 3일 후 피클물만 따라내어 한 번 더 끓여 완전히 식혀 다시 붓고 냉장보관한다. 3일 이후부터 먹는다.

Point

피클을 담그고 남은 래디시의 연한 잎 부분은 따로 모아 나물이나 김치, 샐러드용으로 활용하세요.

식초 베이스

식초 + ∂

NO. 62　　**마파프리카가루피클**

마의 아삭한 식감이 그대로 살아 있습니다. 파프리카가루를 조금 넣어 색과 맛에 포인트를 주었지요. 파프리카가루가 없다면 고춧가루를 같은 분량만큼 넣으세요.

냉장보관 1개월
활용요리 채소전&비빔밥 속재료, 메밀소바 고명 등

재료

마 20cm 길이 1개, 노랑 매운 고추 1개, 홍고추·청고추 1/2개씩

피클물 식초 1컵, 물 1과1/4컵, 설탕 2/3컵, 파프리카가루 1작은술, 통후추 3알, 다시마 5×5cm·월계수 잎 1장씩

만드는 법

1. 마는 껍질을 벗긴 후 0.7cm두께로 썰고, 모든 고추는 1cm 두께로 송송 썬다.
2. 소독한 용기에 준비한 마와 고추를 넣는다.
3. 냄비에 피클물 재료를 넣고 중불에서 한 번 끓어오르면 다시마를 건지고 뜨거울 때 ②에 붓는다.
4. 뚜껑을 닫고 뒤집어서 완전히 식힌 후 냉장고에서 숙성시킨다.
5. 3일 후 피클물만 따라내어 한 번 부르르 끓여 식힌 후 다시 부어 숙성시켜 일주일 후부터 먹는다.

Point

마피클은 마를 조금 도톰한 두께로 잘라 담가야 마 특유의 식감을 느껴져요.

NO. 63 **청포도셀러리피클**

청포도의 달콤한 맛과 식초의 새콤한 맛이 어우러져 씹을 때마다 새콤달콤함이 느껴져요. 청포도 과육이 신맛이 강하다면 식초의 양을 조금 줄여 만드세요.

냉장보관 14일
활용요리 양상추샐러드드레싱, 치즈꼬치 재료, 콜드파스타 고명, 묵사발 국물 등

재료

청포도 1송이(150g), 셀러리 1줄기, 머스터드씨 1/3작은술
피클물 라임식초 2/3컵, 물 1/2컵, 설탕 1컵, 월계수잎 1장

만드는 법

1 청포도는 알만 떼어 베이킹소다를 푼 물에 10분 정도 담가 체에 밭쳐 물기를 제거한다.
2 셀러리는 줄기 끝부분을 잡고 섬유질 부분을 제거한 후 2cm 길이로 썬다.
3 소독한 용기에 청포도와 셀러리를 넣는다.
4 팬에 월계수 잎을 살짝 구워 냄비에 피클물 재료와 넣고 중약불에서 설탕이 녹을 때까지 끓인다.
5 ③에 끓인 피클물을 붓고 머스터드씨를 넣은 뒤 뚜껑을 닫는다. 용기를 뒤집어 놓고 실온에서 식혀 냉장보관한다.
6 3일 후 피클물만 따라내어 한 번 부르르 끓여 완전히 식혀 다시 붓는다. 하루이틀 후부터 먹는다.

청포도는 단단하고 싱싱한 걸로 골라 넣어야 맛이 들었을 때 식감이 좋고 맛있어요.

식초 베이스

식초 +ə

NO. 64   가지홍고추액젓피클

가지, 홍고추, 식초, 설탕, 액젓으로 담근 피클로 색다른 맛과 비주얼의 피클입니다. 밋밋한 가지에도 멸치액젓 맛이 배어 감칠맛을 내지요. 매운 맛을 내고 싶다면 약간의 청양고추를 다져 넣으세요.

냉장보관	1개월
활용요리	회덮밥 토핑, 토마토가지라자냐 &, 소고기주먹밥 등의 속재료

재료

가지 2개(300g), 홍고추 2개

피클물 식초 1/2컵, 물 1과1/2컵, 멸치액젓·간장 1큰술씩, 설탕 5큰술, 월계수 잎 1장

만드는 법

1. 가지는 5cm 길이로 스틱모양으로 자르고 홍고추는 0.5cm 두께로 송송 썬다.
2. 소독한 용기에 준비한 가지와 홍고추를 넣는다.
3. 냄비에 피클물 재료를 넣고 설탕이 녹을 때까지 부르르 끓이다가 뜨거울 때 ②에 붓는다. 뚜껑을 닫고 뒤집어서 완전히 식힌 후 냉장보관한다.
4. 3일 후에 피클물만 따라내어 부르르 끓였다가 완전히 식혀 다시 붓는다. 냉장보관해 2주 후부터 먹는다.

가지피클은 담근지 일주일 이상 되어야 맛이 들기 시작합니다. 천천히 기다려 드세요.

NO. 65　　**양배추카레피클**

새콤달콤 카레향이 나는 피클입니다. 카레가루를 넣은 피클물에 절인 양배추의 맛이 색다르지요. 진한 카레맛을 내고 싶다면 카레의 양을 늘리세요. 매운맛은 페퍼론치노를 추가해 조정해줍니다.

냉장보관 14일
활용요리 소시지핫도그&토스트 속재료, 카레 재료 등

식초 + α

재료

양배추 1/4통(350g), 로즈마리 1줄기
피클물 사과식초 1컵, 물 1과1/2컵, 매실청 · 설탕 1/3컵씩, 카레가루 1큰술, 피클링스파이스 · 소금 1작은술씩

만드는 법

1　양배추는 한 장 한 장 깨끗이 씻어 0.3cm 두께로 채썰고 로즈마리는 물기를 제거한다.
2　소독한 용기에 준비한 양배추를 넣는다.
3　냄비에 피클물 재료를 넣고 부르르 끓어오르면 불을 끄고 완전히 식혀 ②에 붓는다.
4　로즈마리를 넣고 뚜껑을 닫아 냉장고에 숙성시킨다.
5　3일 후에 피클물을 따라내어 바글바글 끓인 후 완전히 식혀 부어 냉장고에 숙성시킨다. 3일 후부터 먹는다.

채썰어 넣은 양배추의 숨이 죽기 않도록 피클물의 온도는 높지 않게 잡으세요. 아삭한 양배추피클을 만드는 노하우예요.

식초 + ∂

NO. 66 고구마간장피클

고구마의 아삭함과 간장 피클물의 짭쪼름함이 색다른 조합을 이룹니다. 밤이 있다면 껍질을 벗겨 같이 넣으세요. 간장 피클용 고구마는 굳이 달지 않아도 상관없어요.

냉장보관	1개월
활용요리	보쌈김치 속재료, 채소샐러드 재료, 비빔국수 토핑 등

재료

고구마 2개(400g)

고구마 담글 물 소금 1작은술, 물 3컵

피클물 간장 3큰술, 식초·설탕 2/3컵씩, 통후추 3알, 다시마 5×5cm 1장, 물 1컵

만드는 법

1 고구마는 깨끗이 씻어 0.7cm 두께로 썬다.
2 적당한 크기로 썬 고구마는 소금물에 5분 정도 담가 전분기를 뺀 후 찬물에 헹궈 체에 밭쳐 물기를 뺀다.
3 소독한 용기에 고구마를 담는다.
4 냄비에 피클물 재료를 넣고 설탕이 녹을 때까지 끓여 부르르 끓어오르면 불을 끄고 다시마를 건져낸다.
5 피클물이 뜨거울 때 ③에 붓고 뚜껑을 닫아 뒤집어 완전히 식혔다가 냉장고에서 숙성시킨다.
6 3일 후에 피클물만 따라내어 한 번 더 끓인 뒤 불을 끄고 완전히 식혀 붓고 일주일 후부터 먹는다.

고구마는 물에 담가 전분기를 빼지 않으면 피클물이 탁해지고 전분이 그대로 가라앉아 텁텁한 피클이 될 수 있어요.

NO. 67 **알배추오미자피클**

오미자의 신맛과 붉은색이 더해져 맛과 색이 돋보이는 피클입니다. 알배추와 오이, 당근의 매칭이 좋지요. 고춧가루와 참기름, 깨를 넣고 무쳐내면 밥반찬으로도 응용 가능합니다. 오미자 대신 비트를 넣어도 되어요.

냉장보관 14일
활용요리 월남쌈& 분짜 속재료, 나물무침 재료 등

식초 베이스

재료

알배추 10장(200g), 오이 1개(200g), 당근 1/2개(100g), 오미자 1큰술
피클물 현미식초 1과1/3컵, 설탕 1컵, 소금 1작은술
오미자 우린 물 1과1/2컵 오미자 2큰술, 물 1과1/2컵

만드는 법

1. 오미자 우린 물 재료를 섞어 3시간 정도 우린다.
2. 알배추, 오이, 당근은 각각 5cm 길이, 0.3cm 두께로 채썰어 섞이도록 살살 버무린다.
3. 소독한 용기에 채썬 채소를 넣는다.
4. 냄비에 피클물과 오미자 우린 물 1과1/2컵을 붓고 중약불에서 설탕이 녹을 때까지 끓여 불을 끄고 식힌다.
5. ③에 식힌 피클물을 붓고 오미자 2큰술을 넣은 뒤 뚜껑을 닫고 냉장고에서 숙성시킨다.
6. 반나절이나 하루 정도 숙성시키고 먹는다.

피클용 알배추는 노란 속배추로 만들어야 단맛과 아삭한 맛이 나지요. 수박무나 과일무를 사용해도 예쁜 색을 낼 수 있습니다.

식초 + 오일

NO. 68 **방울토마토오일피클**

토마토와 오일은 궁합이 좋습니다. 방울토마토 껍질을 벗겨 넣어 과육까지 간이 잘 맞지요. 오이와 사과를 추가해서 만들면 시원하고 달콤한 피클이 완성됩니다.

냉장보관	3일
활용요리	카프레제샐러드 재료, 브루스케타 토핑, 토르티야롤 속재료 등

Recipe

재료

방울토마토 500g, 로즈마리 1줄기
피클물 올리브유 8큰술, 화이트식초 6큰술, 꿀 4큰술, 말린 바질·소금 1/4작은술씩, 후춧가루 약간

만드는 법

1. 방울토마토는 꼭지를 떼어낸 후 칼끝이나 이쑤시개를 이용하여 콕콕 찔러준다.
2. 냄비에 물 2와1/2컵을 넣고 끓어오르면 준비한 방울토마토를 넣고 10초 정도 살짝 데친다. 방울토마토 1~2개의 껍질이 벗겨지면 바로 꺼낸다.
3. ②의 토마토를 찬물에 넣고 껍질을 벗겨서 준비한다.
4. 볼에 피클물 재료를 모두 넣고 섞어준다.
5. 소독한 용기에 ③의 껍질 벗긴 토마토와 ④의 피클물, 그리고 로즈마리 1줄기를 넣고 뚜껑을 닫아 냉장고에 숙성시킨다. 반나절 또는 하루 정도 후부터 먹는다.

Point

방울토마토를 끓는 물에 데칠 때는 짧게 10초 정도가 적당합니다. 데치는 시간이 길어지면 토마토의 맛이 빠지고 물컹거리기 쉬워요.

NO. 69　　**발사믹마늘피클**

고기를 먹을 때 곁들이거나 고춧가루와 참기름에 살짝 무쳐 먹기 좋은 마늘피클입니다. 마늘로 피클을 담글 때는 물에 충분히 담갔다가 만들어야 아린 맛이 모두 빠지고 발사믹이 배어들어요.

냉장보관 1개월
활용요리 된장무침&상추 겉절이 재료, 무생채 속재료 등

재료

마늘 2컵(200g), 청양고추 1개, 레몬 1/4개, 말린 바질 1/4작은술
피클물 발사믹식초 2/3컵, 물 1컵, 설탕 1/2컵, 소금 1작은술, 통후추 3알, 월계수 잎 1장

만드는 법

1 마늘은 깨끗이 씻어 물기를 제거한 후 꼭지를 잘라내고 청양고추는 0.2cm 두께로 송송 썬다.
2 레몬은 소금으로 문지른 뒤 베이킹소다 물에 담가 10분 정도 두었다가 씻어 0.3cm 두께로 슬라이스한다.
3 소독한 용기에 손질한 마늘과 청양고추, 레몬 슬라이스를 넣는다.
4 팬에 월계수 잎을 살짝 구워 냄비에 피클물 재료와 함께 넣고 설탕이 녹을 때까지 중불로 끓인다. 뜨거울 때 ③에 붓고 말린 바질을 넣어 뒤집어 식힌 뒤 냉장고에서 숙성시킨다.
5 3일 후에 피클물만 따라내어 바글바글 끓인 후 완전히 식힌 후 부어 냉장보관한다. 2주 후부터 먹는다.

오랫동안 저온저장했던 마늘로 피클을 담갔을 때 종종 마늘의 색이 초록색으로 변할 때가 있지요. 맛과 영양에는 영향이 없습니다.

식초 베이스

식초 + ∂

NO. 70　**우엉고추간장피클**

매콤한 고추와 아삭한 우엉으로 피클을 담갔습니다. 간장 베이스라서 다양한 한식요리에 응용이 가능하지요. 겉절이나 샐러드 토핑에도 어울려요. 우엉 대신 무말랭이로 만든 피클도 추천해요.

냉장보관 | 1개월
활용요리 | 겉절이 재료, 타코&달걀찜 속재료 등

재료

우엉 1대(200g), 고추 10개
우엉 데치기 식초 1/2큰술, 물 2와1/2컵
피클물 사과식초·물 1컵씩, 매실청 1/3컵, 설탕 1/2컵, 간장 3큰술, 다시마 5×5cm·월계수 잎 1장씩, 통후추 1/2작은술

만드는 법

1　우엉은 껍질을 벗겨 0.2cm 두께로 어슷썰고 고추도 우엉과 같은 크기로 썬다.
2　냄비에 식초를 푼 물을 넣고 우엉을 1분 정도 데쳐 찬물에 헹군다.
3　소독한 용기에 준비한 우엉과 고추를 넣는다.
4　팬에 월계수 잎을 살짝 구운 뒤 냄비에 피클물 재료를 모두 넣고 끓인다. 부르르 끓어오르면 불을 끄고 뜨거운 채로 ③에 붓고 뚜껑을 닫아 뒤집어 식힌 후 냉장보관한다.
5　3일 후에 피클물만 따라내어 한 번 더 끓여 완전히 식힌 뒤 다시 부어 냉장고에서 숙성시킨다. 일주일 후부터 먹는다.

우엉은 식초물에 데쳐내야 아린 맛이 없고 전분기를 뺄 수 있습니다. 데치치 않고 바로 만들면 전분기가 남아 피클물이 탁해져요.

식초 베이스

NO. 71 　 브로콜리라임피클

브로콜리와 라임으로 담근 피클입니다. 라임의 향과 맛이 피클물에 스며들어 새콤해지고 신맛이 강하지요. 브로콜리는 살짝만 데쳐 식감을 살려 넣습니다. 마늘을 편썰어 넣으면 은은한 향이 맴돌아요.

냉장보관	1개월
활용요리	프리타타&참치샌드위치 속재료, 크림파스타 재료 등

 Recipe

재료

브로콜리 1개(250g), 라임 1/5개, 마늘 1쪽
브로콜리 데치기 소금 1/2작은술, 물 2와1/2컵
피클물 토마토식초 1컵, 물 1과1/2컵, 설탕 2/3컵, 소금 1작은술. 통후추 3알, 월계수 잎 1장

만드는 법

1 브로콜리는 먹기 좋은 크기로 썰고 라임은 0.3cm, 마늘은 0.2cm 두께로 얇게 편썬다.

2 손질한 브로콜리는 식초물에 10분 정도 담가 두었다가 깨끗이 헹군다.

3 냄비에 소금 푼 물을 부어 끓으면 브로콜리를 넣고 30초간 데친다. 곧장 찬물에 헹구고 체에 밭쳐 물기를 제거해 준비한다.

4 소독한 용기에 데친 브로콜리와 편썬 라임과 마늘을 넣는다.

5 팬에 월계수 잎을 살짝 구워 냄비에 피클물 재료와 함께 넣고 설탕이 녹을 때까지 끓인다. 뜨거울 때 ④에 붓고 바로 뚜껑을 닫아 뒤집어 식혀 냉장고에 보관한다.

6 2~3일 후에 피클물을 따라내어 한 번 더 끓여 완전히 식힌 뒤 다시 부어 냉장고에서 숙성시킨다. 3일 후부터 먹는다.

 Point

라임을 너무 많이 넣으면 쓴맛이 날 수 있어요. 라임의 양을 지켜주세요.

식초 + 와인

NO. 72

콜리플라워사과 화이트와인피클

콜리플라워와 사과를 화이트와인과 식초에 절였습니다. 두 재료의 식감이 의외로 잘 어울리지요. 다양한 과일을 넣어 과일채소피클을 만들어보세요. 배, 단감, 천도복숭아 등도 좋아요.

냉장보관 1개월
활용요리 냉묵사발 고명과 국물, 비빔막국수&쌀국수 토핑 등

재료

콜리플라워 1/2개(250g), 사과 1/2개(100g)
콜리플라워 데치기 소금 1/2작은술, 물 2와1/2컵
피클물 화이트와인 1/4컵, 식초 1컵, 물 1과1/2컵, 설탕 2/3컵, 소금 1작은술, 통후추 3알, 월계수 잎 1장

만드는 법

1. 콜리플라워는 밑동을 제거해 0.7cm 길이로 슬라이스하고 사과는 웨지모양으로 자른다.
2. 손질한 콜리플라워는 식초물에 10분 정도 담갔다가 깨끗이 헹군다.
3. 냄비에 소금 푼 물을 부어 끓으면 콜리플라워를 넣고 30초간 데친다. 곧장 찬물에 헹구어 체에 받쳐 물기를 제거해 준비한다.
4. 소독한 용기에 사과와 콜리플라워를 넣는다.
5. 팬에 월계수 잎을 살짝 구워 냄비에 피클물 재료와 함께 넣고 설탕이 녹을 때까지 끓인다. 뜨거울 때 ④에 붓고 뚜껑을 닫아 뒤집어 놓고 완전히 식으면 냉장고에 보관한다.
6. 2~3일 후에 피클물을 따라내어 한 번 바글바글 끓인 뒤 완전히 식으면 다시 부어 냉장고에서 숙성시켜 3일 후부터 먹는다.

사과는 피클물을 붓기 직전에 잘라 넣어야 갈색이 방지되어 색의 변화를 줄일 수 있어요.

NO. 73 **매실청꽈리고추 화이트와인피클**

매실청과 와인의 향긋한 향이 어우어진 피클입니다. 과실 베이스의 피클이라 향이 더 그윽하지요. 꽈리고추 대신 청양고추, 아삭이고추, 할라피뇨 등으로 바꿔 만들어도 맛있습니다.

냉장보관 1개월
활용요리 김치볶음밥&연어마요주먹밥 속재료, 제육덮밥 재료 등

Recipe

재료

꽈리고추 3줌(150g), 레몬 1/4개
피클물 화이트와인 1/4컵, 사과식초 1과1/3컵, 물 1과2/3컵, 매실청 1컵, 소금 2작은술, 통후추 5알

만드는 법

1 레몬은 굵은소금으로 문질러 깨끗이 씻고 베이킹소다를 푼 물에 10분 정도 담갔다가 세척한 후 물기를 제거한다. 모양대로 0.5cm 두께로 슬라이스한다.
2 꽈리고추도 수분을 제거해 포크로 4~5군데 찔러 레몬 슬라이스와 함께 소독한 병에 담는다.
3 냄비에 피클물 재료를 넣고 부르르 끓어오르면 불을 끄고 식혀 ②에 붓고 냉장보관한다.
4 3일 후 피클물만 따라내어 부르르 끓인 후 완전히 식으면 다시 부어 냉장고에 두고 일주일 후부터 먹는다.

Point

꽈리고추는 포크로 콕콕 찔러 넣으세요. 피클물이 골고루 배어들어 맛이 한결 좋아집니다.

식초 + 와인

식초 + 와인

NO. 74 양파고추레드와인피클

레드와인의 그윽한 향이 매력적인 피클입니다. 레드와인의 연한 붉은빛이 양파에 물들어 식욕을 자극하지요. 매운맛을 원한다면 청양고추를 넣어 주세요. 무, 당근 등을 추가해도 잘 어울려요.

냉장보관	1개월
활용요리	김치찌개&도라지초무침 속재료, 죽 고명 등

Recipe

재료
양파 2개(400g), 고추 4개, 청양고추 2개, 레몬 슬라이스 2조각

피클물 레드와인 1/4컵, 식초·물 1컵씩, 설탕 2/3컵, 소금 1/2큰술, 통후추 3알, 월계수 잎 1장

만드는 법

1. 양파는 결대로 6등분하고 고추는 0.5cm 두께로 썬다.
2. 소독한 용기에 ①의 양파와 고추, 그리고 레몬 슬라이스를 넣는다.
3. 팬에 월계수 잎을 살짝 굽는다.
4. 냄비에 피클물 재료를 모두 넣고 부르르 끓어오르면 불을 끄고 뜨거운 채로 ②에 붓는다.
5. 뚜껑을 닫고 뒤집어 완전히 식으면 냉장고에서 숙성시킨다.
6. 3일 후 피클물만 따라내어 다시 부르르 끓인 후 완전히 식혀 붓는다. 3일 후 먹는다.

Point

피클을 오랫동안 즐기고 싶다면 양파의 크기에 주목하세요. 큼직하게 잘라 넣어야 끝까지 아삭함이 유지됩니다.

NO. 75 연근유자레드와인피클

데친 연근과 유자청을 넣어 만든 피클로 레드와인으로 포인트를 주었습니다. 꼭 레드와인이 아니라도 화이트와인이나 청주 등을 피클물에 넣고 만들어도 맛있어요.

냉장보관 1개월
활용요리 감자샐러드 속재료, 지라시스시 토핑, 연근 올린 주먹밥 재료 등

식초 + 와인

Recipe

재료
연근 30cm(400g)
연근 데치기 식초 1/2큰술, 물 2와1/2컵
피클물 레드와인·설탕 2큰술씩, 사과식초 1컵, 물 1/3컵, 유자청 1과1/2컵, 소금 1작은술

만드는 법
1 연근은 껍질을 벗긴 후 0.3cm 두께 얇게 슬라이스한다.
2 냄비에 식초를 푼 물을 넣고 센 불에서 끓어오르면 연근을 1분30초간 데친 후 찬물에 헹궈 체에 밭쳐 수분을 제거한다.
3 소독한 용기 또는 밀폐용기에 넣는다.
4 냄비에 피클물 재료를 넣고 레드와인의 알코올 향이 날아갈 때까지 끓인 후 뜨거울 때 ③에 넣고 뚜껑을 닫는다.
5 용기를 뒤집어 놓고 완전히 식으면 냉장보관해 3일 후부터 먹는다.

Point

연근은 식초물에 데쳐 아린 맛을 제거한 뒤 피클을 담그세요. 그 다음 레드와인을 부어 충분히 끓여야 술맛이 나지 않고 부드러운 피클 맛을 볼 수 있습니다.

연어마요유부초밥

by 미니양배추당근레드와인피클

밥에 피클절임한 양배추와 당근을 다져 만든 유부초밥입니다. 마요네즈에 버무린 연어까지 넣으면 새로운 맛의 유부초밥이 완성되지요. 래디시를 슬라이스해 유부초밥에 올려 비주얼도 멋스러워요.

by 양배추카레피클

양배추카레피클을 넣은 핫도그

핫도그 빵에 구은 소시지와 양배추카레피클, 땅콩버터, 허니머스터드소스를 뿌려낸 핫도그예요. 양배추카레피클의 새콤한 맛과 카레의 향이 핫도그의 느끼한 맛을 덜어주지요. 식감까지 더해 그 맛이 좋습니다. 아이들 간식으로 그만이죠.

아삭아삭채소전

by 마파프리카가루피클

마피클로 작은 전 만들었어요. 반죽에 파프리카, 애호박 등 여러 가지 채소를 굵게 다져 넣고 마피클까지 더해 부치면 아삭한 전이 완성됩니다. 채소와 피클만 넣어도 맛있는 전을 만들 수 있어요.

by 우엉고추간장피클

참나물소고기주먹밥

보통 주먹밥에 우엉조림을 즐겨 넣지만 우엉고추간장피클을 다져 넣어도 맛있습니다. 향긋한 참나물과 다진 소고기를 볶아 넣으면 더 맛있는 주먹밥이 완성되지요. 도시락은 물론 간단한 한끼 메뉴로 그만입니다.

연어마요유부초밥

 ──── BASE　　NO.59 미니양배추당근레드와인피클　P216 참조

재료

밥 2공기(400g), 유부 초밥용 유부 16개, 미니양배추피클·미니당근피클 2개씩, 래디시 4개

밥 밑간 참기름 1작은술, 소금 1/4작은술

연어마요 연어 2캔(200g), 마요네즈 6큰술, 후춧가루 약간

만드는 법

1. 미니양배추피클과 미니당근피클을 곱게 다져 수분을 짠다.
2. 래디시는 슬라이스 채칼을 이용해서 얇게 슬라이스한다.
3. 밥에 밑간하고 다진 미니양배추피클과 미니당근피클을 넣어 주걱으로 가르듯이 섞는다.
4. 캔 연어는 체에 밭쳐 수분을 꽉 짠 후 볼에 연어, 마요네즈, 후춧가루를 넣고 섞어준다.
5. 유부 안에 ③의 밥을 절반만 차도록 넣고 ④의 연어마요를 올린다.
6. 유부초밥 위에 래디시 슬라이스를 올려 완성한다.

TIP 피클은 수분을 꽉 짜서 넣기

수분이 많은 피클을 그대로 요리에 넣으면 물이 많이 생겨 다른 재료들과 섞이지 않아요. 마요네즈와 분리되어 맛도 떨어져요.

양배추카레피클을 넣은 핫도그

 ──── BASE　　NO.65 양배추카레피클　P223 참조

재료

핫도그 빵·소시지 2개씩, 양파 1/2개(100g), 로메인 잎 4장, 양배추카레피클 4큰술, 마요네즈 2큰술, 올리브유 1큰술, 소금·후춧가루 약간씩

소스 땅콩오일페이스트 또는 땅콩버터·허니머스터드소스 2큰술씩, 마요네즈·우유 1큰술씩

만드는 법

1. 핫도그 빵은 2/3 깊이로 칼집을 넣고 소시지는 사선으로 칼집을 넣는다.
2. 양파는 가능한 곱게 채썰고 로메인은 깨끗이 씻어 물기를 최대한 제거한다.
3. 볼에 소스 재료를 모두 넣고 섞어둔다.
4. 중불로 달군 팬에 올리브유를 두르고 채썬 양파와 소금, 후춧가루를 넣고 노릇하게 볶아 따로 덜어둔다.
5. ④의 팬에 칼집 넣은 소시지를 넣고 노릇하게 굽는다.
6. 핫도그에 마요네즈를 얇게 펴바른 후 로메인을 깔고 볶은 양파, 양배추카레피클, 구운 소시지, 소스를 뿌려 완성한다.

TIP 피클에 핫소스 믹스하기

핫도그를 매콤하게 즐기고 싶다면 양배추카레피클에 핫소스나 고춧가루를 넣고 버무리세요. 빵 사이에 넣으면 매콤한 핫도그를 즐길 수 있어요.

아삭아삭채소전

—— BASE   NO.62 마파프리카가루피클 P220 참조

재료
마파프리카가루피클 건지 1/3컵(60g), 파프리카 1/2개(100g), 애호박 1/3개(60g), 부침가루 2/3컵, 물 2/3컵, 포도씨유 4큰술

만드는 법
1. 마파프리카가루피클에서 마와 노랑고추피클 건지만 꺼내 사방 0.5cm 크기로 굵게 다진다.
2. 파프리카와 애호박도 피클 건지에 맞춰 사방 0.5cm 크기로 굵게 다진다.
3. 볼에 다진 마와 노랑고추피클 건지와 파프리카, 애호박, 부침가루, 물을 넣고 섞어 반죽한다.
4. 중불로 달군 팬에 포도씨유를 두르고 ③의 반죽을 수저로 한 큰술씩 올려 노릇하게 구워낸다.

참나물소고기주먹밥

—— BASE   NO.70 우엉고추간장피클 P228 참조

재료
밥 2공기(400g), 다진 소고기 100g, 참나물 2줌(100g), 우엉고추간장피클 건지 10조각, 올리브유 2/3큰술, 소금 1/3작은술
소고기 밑간 간 양파·다진 파 1큰술씩, 간장·설탕·맛술 2작은술씩, 다진 마늘·참기름 1작은술씩
무침 양념 들기름 1작은술, 소금 약간
밥 밑간 참기름 2작은술, 소금 1/4작은술

만드는 법
1. 다진 소고기는 밑간에 10분간 재운다.
2. 참나물은 끓는 물에 소금 1/3작은술을 넣고 데친 후 찬물에 헹구어 물기를 짠다.
3. 데친 참나물은 송송 썰어 무침 양념에 무친다.
4. 우엉고추간장피클의 건지를 굵게 다진다.
5. 약불로 달군 팬에 올리브유 2/3큰술을 두르고 밑간한 소고기를 익을 때까지 볶는다.
6. 밥을 밑간해 소고기 볶음과 참나물 무침, 우엉고추간장피클을 넣고 골고루 섞은 후 삼각 모양을 잡는다.

TIP — 마피클과 해산물 함께 넣기
채소만으로도 맛있는 전을 만들 수 있지만 무언가 심심하게 느껴진다면 해산물을 넣으세요. 마피클의 새콤함이 해산물의 비린 맛을 잡아주어 더 맛있게 즐길 수 있어요.

TIP — 주걱으로 가르듯이 섞기
모든 재료를 넣고 섞을 때는 나무 주걱을 이용하세요. 이때 주걱은 약간 세워 가르듯 섞어야 밥알이 으깨지지 않아요.

굴소스해산물볶음밥

by 숙주고추피클

해산물에 굴소스와 숙주피클을 넣고 볶아낸 볶음밥입니다. 숙주피클을 넣어 볶음밥의 느끼함이 전혀 없지요. 중간중간 씹히는 숙주피클의 새콤한 맛도 입맛을 돋웁니다. 주말 별식으로 즐기기 좋은 메뉴예요.

— BASE
NO.57 숙주고추피클 P212 참조

재료

숙주피클 건지 1/3컵(50g), 밥 2공기(400g), 믹스 해산물 1컵(200g), 파프리카 1/3개(60g), 애호박 1/5개(40g), 굴소스 3큰술, 다진 양파 2큰술, 참기름·청주·올리브유 1큰술씩, 다진 마늘 1/2큰술

만드는 법

1. 파프리카와 애호박은 사방 0.5cm 크기로 굵게 다진다.
2. 숙주고추피클에서 숙주만 건져 2cm 길이로 썬다.
3. 중약불로 달군 팬에 올리브유를 두르고 다진 양파와 다진 마늘을 넣고 노릇하게 볶는다.
4. 중불로 높여 ③에 믹스 해산물을 넣고 볶다가 청주를 넣어 알코올향이 나지 않을 때까지 볶는다.
5. 밥과 굴소스를 넣어 볶다가 마지막에 숙주피클 건지를 넣어 섞고 참기름을 둘러 마무리한다.

TIP

숙주피클 건지는 마지막에 넣기
숙주피클의 식감을 맛보고 싶다면 마지막 참기름을 두르는 단계에서 피클을 넣으세요. 새콤한 맛도 더 잘 살아요.

달걀브로콜리샌드위치

쉽게 만드는 샌드위치에 피클을 넣어 새로운 맛을 냈습니다. 식빵 한쪽에 마요네즈에 버무린 다진 브로콜리라임피클을 바르고 달걀샐러드를 속재료로 듬뿍 올렸어요.

by 브로콜리라임피클

by 콜리플라워사과화이트와인피클 —————— **시원한 냉묵사발**

묵사발 육수에 콜리플라워사과 피클물을 더해 시원한 냉묵사발을 만들었습니다. 피클물에 사과의 달콤함이 우러나와 육수의 맛을 올려주지요. 묵과 김치, 콜리플라워사과피클이 어우러져 특별한 별식을 내줍니다.

깨소스 뿌린 연두부   by 매실청꽈리고추화이트와인피클

꽈리고추 피클물에 곱게 갈은 깨만 넣어도 맛있는 깨드레싱이 완성됩니다.
접시에 연두부를 담고 그 위에 깨드레싱을 뿌린 뒤 꽈리고추피클 하나만 얹어내도 건강한 샐러드가 뚝딱 만들어지죠. 다른 채소를 곁들여도 좋아요.

bonus 알배추오미자피클 ── **알배추피클매운무침**

보통 피클은 피자나 파스타에 곁들임으로만 생각하지요. 알배추오미자피클 건지를 건져 참기름과 고춧가루, 통깨를 넣고 살살 무쳐내면 금세 맛있는 밥반찬이 됩니다. 무침을 넉넉히 만들어 비빔냉면, 비빔밥 등의 다양한 요리의 고명으로 활용하세요.

달걀브로콜리샌드위치

 BASE　　NO.71 브로콜리라임피클　P229 참조

재료

식빵 4장, 달걀 5개, 브로콜리피클 3개, 마요네즈 2큰술

달걀 삶기 소금·식초 1작은술씩, 달걀 잠길 만큼의 물

소스 마요네즈 4큰술, 설탕 1/2작은술, 소금 1/5작은술, 후춧가루 약간

만드는 법

1. 냄비에 달걀과 달걀이 잠길 만큼의 물, 소금, 식초를 넣고 센 불에서 끓어오르면 중약불로 줄여 15분 정도 삶아 곧장 찬물에 헹구어 껍질을 벗긴다.
2. 흰자와 노른자를 분리한 후 흰자는 곱게 다지고 노른자는 곱게 으깬다.
3. ②에 소스 재료를 모두 넣고 섞는다.
4. 브로콜리라임피클에서 브로콜리만 건져 수분을 최대한 제거한 뒤 곱게 다져 마요네즈 2큰술과 버무린다.
5. 식빵 한 면에 ④를 1/2큰술씩 바른 후 그 위에 ③을 올리고 다른 식빵 한 장을 덮는다.

TIP 달걀 알맞게 삶아 넣기
속재료에서 가장 중요한 게 달걀입니다. 달걀을 너무 삶으면 흰자는 뻑뻑하고 노른자는 색이 변하면서 특유의 냄새가 나지요. 한 번 끓으면 중약불로 줄여 10~15분 더 삶아야 알맞아요.

시원한 냉묵사발

 BASE　　NO.72 콜리플라워사과화이트와인피클　P230 참조

재료

도토리묵 1모(350g), 자른 김치 1/3컵, 오이 1/2개(100g), 콜리플라워사과피클 건지 1/2컵

멸치육수 3컵 멸치 1컵, 무 1/6개, 양파 1/3개, 대파 1/2대, 다시마 5×5cm 2장, 청주 1작은술, 물 4컵

국물 양념 피클물 4큰술, 국간장 1큰술, 설탕 1/2큰술, 소금 1/2작은술

김치 양념 식초·참기름 1작은술씩, 설탕 1/3작은술

만드는 법

1. 멸치육수 재료 중 무와 양파, 대파는 0.5cm 폭으로 썬다.
2. 약불로 달군 냄비에 멸치를 넣고 볶아 비린내를 날린 후 멸치육수 재료를 넣고 센 불에서 끓어오르면 5분 뒤 다시마를 건진다. 중약불로 줄여 15분 정도 더 끓여 체에 밭쳐 멸치육수를 식힌다.
3. ②에 국물 양념을 섞은 후 냉장고에 넣어 차갑게 준비한다.
4. 도토리묵은 체에 밭쳐 끓는 물에 살짝 담갔다 빼어 1cm 폭으로 길게 썰고 오이와 사과피클은 0.3cm 폭으로 채썬다.
5. 자른 김치에 김치 양념을 넣어 조물조물 무친다.
6. 그릇에 도토리묵을 담고 오이채, 양념한 김치, 사과피클채, 콜리플라워 피클을 올린 후 묵사발 국물을 부어 완성한다.

TIP 피클물에 동치미국물 섞기
시원한 동치미 국물이나 물김치 국물이 있다면 피클물에 섞어보세요. 멸치육수보다 깔끔하고 시원한 맛입니다.

깨소스 뿌린 연두부

 BASE　　NO.73 매실청꽈리고추화이트와인피클　P231 참조

재료
연두부 2팩(120g), 꽈리고추피클 건지 4개
소스　곱게 간 깨 5큰술, 피클물 4큰술, 꿀 1/2큰술

만드는 법
1　볼에 소스 재료를 넣어 같이 섞는다.
2　그릇에 연두부를 올린다. 연두부 크기에 비해 넉넉한 접시로 고른다.
3　연두부 위에 매실청꽈리고추화이트와인피클에서 꽈리고추만 건져 1~2개 올린다.
4　준비해둔 ①의 소스를 부어낸다.

TIP 단맛은 꿀의 양으로 조절하기
꽈리고추 피클물은 약간 매울 수 있어요. 매운맛이 강하다면 꿀의 양을 레시피보다 더 늘리세요.

알배추피클매운무침

 BASE　　NO.67 알배추오미자피클　P225 참조

재료
알배추피클 건지 1/2컵, 참기름 1/2큰술, 고춧가루·통깨 1작은술씩

만드는 법
1　알배추오미자피클에서 알배추피클만 건진다.
2　알배추피클에 수분이 남아 있지 않도록 꽉 짜서 준비한다.
3　볼에 ②의 알배추피클 건지와 참기름, 고춧가루를 넣고 버무린다.
4　접시에 알배추매운무침을 올리고 통깨를 뿌려낸다.

TIP 통깨 갈아 넣기
통깨를 곱게 갈거나 손바닥으로 비벼 넣어도 한결 더 고소해지죠. 새콤달콤, 고소한 맛의 알배추피클무침을 만들 수 있어요.

보코치니카프리제샐러드

by 방울토마토오일피클

방울토마토피클과 보코치니치즈로 멋진 샐러드를 만들었어요. 카프리제는 보통 큰 토마토로 만들지만 보코치니치즈를 이용하면 앙증맞은 한 입 샐러드를 만들 수 있지요. 여기에 바질페스토를 올리면 향이 좋은 카프레제 샐러드가 완성됩니다.

BASE
NO.68 방울토마토오일피클 P226 참조

재료
방울토마토오일피클·보코치니치즈 8개씩, 루꼴라 1줌(50g), 피클물 6큰술, 바질페스토 1큰술, 그라노파다노치즈 약간

만드는 법
1 루꼴라는 씻어 체에 밭쳐 물기를 최대한 제거한다.
2 접시 한쪽에 루꼴라를 담고 다른 한쪽에 방울토마토피클과 보코치니치즈를 번갈아가며 올린다.
3 방울토마토오일피클의 피클물을 드레싱처럼 ②에 뿌린다.
4 그 위에 바질페스토와 그라노파다노치즈를 올려 완성한다.

TIP 피클물을 드레싱으로 사용하기
샐러드드레싱은 따로 준비하지 말고 방울토마토오일피클의 피클물을 활용하세요. 방울토마토의 과즙이 섞여 맛이 한결 깊어져요.

COOKING INDEX

빵요리

달걀브로콜리샌드위치 • 242
루꼴라통밀토르티야롤 • 164
리코타치즈바질페스토피자 • 048
삐칸테꿀마늘빵 • 051
소시지돌돌이핫도그 • 091
쌀구움도넛 • 065
아몬드고르곤졸라치즈파니니 • 058
양배추카레피클을 넣은 핫도그 • 235
올리브마스카포네 • 084
청양고추바삭감자고로케 • 093
후무스오픈샌드위치 • 090
크림치즈올리브구움찰떡 • 092

면요리

감바스알아히요 • 200
꽈리고추알리올리오 • 187
대파황태채골뱅이소면 • 161
들깨달걀칼국수 • 186
방울토마토바질카펠리니 • 049
소보로볶음쌀국수 • 184
쑥갓어묵튀김을 올린 자작냉우동 • 138
유자감베리오일파스타 • 078
카레떡볶이 • 202
통들깨크림딸리아뗄레 • 079

채소요리

구운 감자버무리 • 072
그릴드 아스파라거스스틱 • 070
당근채샐러드 • 144
바냐카우다와 찐 채소 • 054
방울토마토깨오이샐러드 • 073
보코치니카프리제샐러드 • 248
시저샐러드 • 136
양파채소돈부리 • 139
잭치즈 넣은 올리브절임 • 194
허브오일에 절인 모짜렐라치즈 • 190
현미크런치를 올린 연근카나페 • 085
파프리카피망잡채 • 193
풍기꽃송이치즈 • 087

고기요리

구운 채소와 목살스테이크 • 082
깻잎양파제육볶음 • 147
닭바비큐 • 132
대파채소불고기 • 145
대패삼겹살청경채찜 • 131
레몬대파고기볶음 • 077
매콤한 페스토로 버무린 가라아게 • 050
백순대볶음 • 206
뼈 없는 닭갈비 • 198
샤브샤브고기연근냉채 • 165
오리고기영양부추무침 • 133
오븐에 구운 치킨텐더 • 062
채썬 양파 올린 차돌박이볶음 • 192
토마토함바그 • 124

해물요리

가리비화이트와인찜과 고추마늘오일 • 201
구운 꽈리고추와 채썬 양파 곁들인
연어스테이크 • 140
금귤문어세비체 • 076
단호박꽃게탕 • 130
미니해물파전 • 195
캔고등어묵은지찜 • 155
토마토홍합스튜 • 125

밥요리

가지고추소스덮밥 • 160
구운 채소 올린 시금치그린카레 • 057
굴소스해산물볶음밥 • 240
깻잎한입쌈 • 150
버섯현미크림리소토 • 063
불닭 올린 칠리덮밥 • 071
아보카도명란쪽파마요비빔밥 • 167
연어마요유부초밥 • 234
참나물소고기주먹밥 • 237
참치핑거주먹밥 • 166

국물요리

얼큰바지락순두부찌개 • 154
버섯순두부들깨탕 • 146
숙주버섯육개장 • 185
시원한 냉묵사발 • 243
신김치비지찌개 • 056
오이미역냉국 • 141
옥수수수프 • 086
햇양파배추된장국 • 126
토마토양배추수프 • 059

반찬

고소한 네모두부구이 • 158
깨소스 뿌린 연두부 • 244
깻잎찜 • 127
닭가슴살참나물무침 • 159
두유달걀찜 • 064
땅콩진미채 • 068
아게다시도후 • 152
아삭아삭채소전 • 236
알배추피클매운무침 • 245
호두아몬드바싹멸치볶음 • 203
표고버섯강정 • 153

페스토, 소스, 오일
그리고 피클

2023년 3월 15일 2쇄 발행

요리	김봉경(부어케 쿠킹스튜디오)
펴낸이	문영애
사진	박영하(여름.夏스튜디오)
디자인	김아름 @piknic_a
푸드스타일링	최지현(CHOI'S TABLE) 어시스트 김현주
협찬	윤현상재(02-540-0145)
인쇄/출력	도담프린팅
펴낸곳	수작걸다
주소	경기 용인시 수지구 동천로64
이메일	SUZAKBOOK@NAVER.COM
인스타그램	@SUZARKBOOK

ISBN 978-89-6993-027-9 13590

이 책은 저작권법에 따라 보호받는 저작물이므로 무단 전재와 무단 복제를 금지하며,
이 책 내용의 전부 또는 일부를 이용하려면 반드시 저작권자와 수작걸다의 서면 동의를 받아야 합니다.

* 제본에 이상이 있는 책은 바꾸어 드립니다.